SCORPIO

TERESA KELLER

Einfach ICH SELBST SEIN DÜRFEN

Bessere Beziehungen mit sich und anderen
durch die Positive Psychologie

SCORPIO

Dieses Buch enthält Links zu externen Webseiten Dritter, auf deren Inhalte der Scorpio Verlag keinen Einfluss hat. Deshalb können wir für diese fremden Inhalte auch keine Haftung übernehmen. Für die Inhalte der verlinkten Seiten ist stets der jeweilige Anbieter oder Betreiber der Seiten verantwortlich. Die verlinkten Seiten wurden zum Zeitpunkt der Verlinkung auf mögliche Rechtsverstöße überprüft, rechtswidrige Inhalte waren nicht erkennbar. Bei Bekanntwerden von Rechtsverletzungen werden wir derartige Links umgehend entfernen.

MIX
Papier aus verantwortungsvollen Quellen
FSC® C014496
www.fsc.org

Umschlaggestaltung: Favoritbuero, München
Umschlagmotiv: © Decorwith.me/Shutterstock.com
Satz: BuchHaus Robert Gigler, München
Druck und Bindung: GGP Media GmbH, Pößneck
ISBN 978-3-95803-049-7

www.scorpio-verlag.de

INHALT

VORWORT

In diesen Zeiten von Dynamik, Stress und ständiger Veränderung wird es immer wichtiger, eine gute Beziehung zu sich selbst zu haben. Denn nur dann sind wir in der Lage, auf die unzähligen Herausforderungen unseres Alltags so zu reagieren, dass wir uns treu bleiben, damit auch zufriedener werden und uns in unserem eigenen Leben wohler fühlen.

Dieses Buch ist eine Einladung an uns alle, unser Leben wieder selbst in die Hand zu nehmen. Eine Einladung, sich nicht mehr ständig antreiben zu lassen durch all die Anforderungen, Erwartungshaltungen und Bedürfnisse anderer, sondern erst einmal zu schauen, was brauche und will ich, um dann zu prüfen, was kann ich geben, und was will ich möglicherweise nicht.

Mithilfe von Erfahrungen, Erkenntnissen und Übungen aus dem jüngsten Zweig der Psychologie – der Positiven Psychologie – werden wir uns besser kennenlernen. Wir überprüfen unsere Sicht auf die Dinge und das Leben. Wir schauen uns an, mit welchem Teil unserer Persönlichkeit wir mehr Zutrauen zu uns entwickeln können oder welcher uns möglicherweise hindert, mutiger zu sein. Wir erforschen unsere persönlichen Stärken und die Art und Weise, wie wir sie im Alltag nutzen können, und lernen uns über Fragen zum Thema Erfolg und Sinnhaftigkeit erst einmal besser kennen und akzeptieren.

Im zweiten Schritt versuchen wir die Qualität unserer neuen Beziehung zu uns selbst in eine gute Qualität unserer Beziehungen zu anderen zu übertragen. Was bedeutet für uns Geben und Nehmen? Welche Nähe tut uns wann gut, und wie viel Distanz brauchen wir? Wir fragen uns auch: Wie nehmen mich eigentlich andere wahr?

Ich nenne diese beiden Bereiche Selbstinventur und Beziehungsinventur. Diese Begriffe habe ich gewählt, da ich denke, es gibt immer wieder Momente in unserem Leben, wo wir innehalten und beobachten sollten, wie wir unser Leben leben. Denn Ablenkung gibt es genug! Und irgendwann stellen wir dann ganz erstaunt fest, dass schon wieder ein runder Geburtstag ansteht, die Kinder inzwischen so groß sind oder uns die rechte Lebensfreude irgendwo abhandengekommen ist.

Und dann wäre es schön, eine Inventur zu machen. Zu schauen: Was kann ich? Was habe ich? Wo stehe ich gerade? Was will ich noch?

Entscheidend ist für mich, mich nicht in erster Linie darauf zu konzentrieren, was ich noch alles besser machen kann. Nein, in diesem Buch geht es vielmehr darum, zu schauen, welche Fähigkeiten, Werte und Einstellungen wir haben und wie uns diese dabei unterstützen können, ein möglichst erfülltes Leben zu leben, was auch immer ein jeder von uns darunter verstehen mag.

Denn nur ein selbstbestimmtes Leben (und das kann durchaus auch ein ganz ruhiges mit viel Tradition und Routinen sein) macht uns zufrieden und gibt uns das Gefühl: Das ist wirklich ein erblühtes Leben, ein *flourishing life*.

Hierzu möchte ich Sie einladen.

Dieses Buch ist kein »7 Schritte zum Glück«-Ratgeber. Vielmehr bietet es Ihnen jede Menge Erkenntnisse, die wissenschaftlich erforscht und belegt sind, Anregungen zur Reflexion und zum Erforschen der eigenen Persönlichkeit wie auch alltägliche Beispiele und Übungen, um die Einsichten dann leichter im Alltag umsetzen zu können. Damit Sie sich nicht mehr anstrengen müssen, so zu sein wie die anderen. Seien Sie lieber neugierig darauf zu entdecken, was alles in Ihnen steckt. Und fangen Sie an, sich in Ihrem Leben wohlzufühlen, egal wie herausfordernd und anspruchsvoll das ganze Drumherum ist.

EINLEITUNG: WIE VIEL BIN ICH DU GEWORDEN? – WARUM ES SICH LOHNT, SEIN EIGENES LEBEN ZU LEBEN

»Sei doch einfach ganz du selbst!« Eine Aufforderung, die wir oft zu hören bekommen, in allen möglichen Situationen, ob als nett gemeinter Ratschlag von engen Familienmitgliedern in mehr oder weniger schweren Sinnkrisen oder als Empfehlung von Kollegen beim Bewerbungsgespräch. Und noch viel schlimmer: Den Satz sagen wir auch immer wieder zu uns selbst. Eigentlich soll er uns ermuntern, er soll uns daran erinnern, dass wir uns nicht verstellen sollen. Er soll uns helfen, mutig zu sein und nach unseren Bedürfnissen zu handeln. Und doch bleibt er meist seltsam vage. Woher sollen wir bitte schön so genau wissen, wer wir *selbst* sind? Und wer behauptet, dass das *einfach* sein soll?

Häufig genug ist der Satz »Sei doch einfach ganz du selbst!« eine Aufforderung, die ins Leere läuft. Und das hat einen Grund. Denn »das Selbst« ist schnell erwähnt, jedoch berührt es den innersten Kern unseres Wesens, und kaum etwas ist in der persönlichen Betrachtung komplizierter zu verstehen.

Reflektieren Sie einen kurzen Augenblick: Wann waren Sie das letzte Mal so ganz in Ihrem Element? Wann haben Sie Zeit und Raum vergessen, und wann fühlten Sie sich einfach wohl und waren in Ihrer Kraft? Vielleicht haben Sie sich auch schon mal unverwundbar gefühlt …?

Ich fühle mich kraftvoll und stark, wenn ich mich nicht verstellen oder anstrengen muss, um jemandem zu gefallen. Wenn es mir völlig gleich ist, was andere von mir denken. Dann kann ich so sein, wie ich bin, und das macht mich glücklich.

Dazu gehört auch die Erkenntnis, dass wir unsere Schwächen kennen und bewusst wahrnehmen können, uns aber in der Konsequenz deswegen noch lange nicht einschränken müssen.

Ich möchte Ihnen in diesem Buch Mut machen, auf eine Entdeckungsreise zu gehen, zu erforschen, wer wir sind und welche Potenziale in uns schlummern. Ich möchte uns aber auch Mut machen, anzuerkennen, dass wir eben nicht perfekt sind. Dass wir trotz regelmäßigen Sports immer noch nicht aussehen wie Jennifer Lopez und wenn wir älter werden, wir zwar immer noch vorzüglich Nächte durchfeiern können, dann aber auch nicht glauben sollten, dass wir am nächsten Montag quietschfidel durch die Küche hüpfen. Ich möchte Ihnen Impulse geben, wie wir unser Leben selber gestalten können und dadurch vom Reagierenden zum Agierenden werden. Und ich möchte Ihnen vorschlagen, nicht weiter zu versuchen, so zu werden wie die anderen. Denn von denen gibt es schon genug.

Was soll das Ganze eigentlich? – Vom Streben des Menschen

Viele meiner Coachees haben im beruflichen wie privaten Alltag das Gefühl, sie würden in einer Art Sackgasse stecken. Etliche Menschen, die ich bei Seminaren getroffen habe, können beeindruckend die Erwartungen ihres Umfelds erfüllen, haben aber große Schwierigkeiten, ihr Befinden in ihrem eigenen Leben einigermaßen exakt zu beschreiben. Wir haben Probleme damit, uns selbst zu beurteilen und zu realisieren, wo wir gerade stehen oder wohin wir noch wollen.

Einige entgegnen mir dann: »Wir beschäftigen uns doch heutzutage ohnehin viel zu viel mit uns selbst!« Und ich muss gestehen: Alleine vom Über-sich-Nachdenken ist noch niemand glücklich geworden. Unsere Vorfahren haben auch nicht die ganze Zeit mit Nabelschau vertan. Aber sie hatten auch einen festen Wertekontext, mit dem sie einverstanden sein oder den sie ablehnen konnten. Sie hatten Regeln, innerhalb derer sie sich in einem überschaubaren Lebensumfeld zurechtfinden mussten. Sie kannten ihre Rolle in der Gesellschaft, der Sinn und Zweck der Arbeit war meist eindeutig. Später aber, durch die Industrialisierung und die zum Teil extreme Arbeitsteilung, und im weiteren Verlauf dann auch durch die starke Entwicklung des Dienstleistungssektors in Deutschland ließen sich die Aufgaben des Lebens nicht mehr so ganz eindeutig definieren. Wir haben heute mehr Freiheiten und Wahlmöglichkeiten als je zuvor. Unsere Arbeitsleistung ist nicht mehr so exakt bewertbar, vor allem in den Dienstleistungsberufen, ob staatlich oder privatwirtschaftlich. Wir bewegen uns zudem heute in einer Gesellschaft, in der Informationen im Übermaß vorhanden sind. Uns wird das Gefühl vermittelt, dass wir immer genau wissen, was gerade wo auf der Welt los ist und wer gerade mit wem was gesprochen hat (auch wenn Sachverhalte im russischen Fernsehen gänzlich anders dargestellt werden als beispielsweise in Deutschland oder den Vereinigten Staaten). Wir können Fotos und Filme unserer Freunde über Facebook, Instagram und Twitter rund um die Uhr sehen und erfahren, wie die anderen leben. Automatisch macht unser Gehirn einen Abgleich, ob wir es genauso gut haben oder besser oder schlechter. Junge ausgemergelte Frauen laufen als Topmodels über Laufstege und Bildschirme. Durchtrainierte Männer zeigen in globalen Kampagnen, wie verführerisch Unterwäsche am perfekten Körper sein kann. Dabei erscheinen die ein oder anderen Personen geradezu alterslos.

Es gibt natürlich auch jene, die sich nicht so viel aus Äußerlichkeiten machen, scheinbar problemlos den ganzen Druck aushalten und einfach sagen: Macht doch, was ihr wollt, mit euren Casting- und Talentshows und Bikinifiguren – da steh ich total drüber! Das ist beneidenswert, erfordert aber ein gutes Maß an Selbstbewusstsein, das leider auch nicht mit jedem Regenschauer vom Himmel fällt, und ich beglückwünsche jeden, dem das gelingt.

Auch im Wirtschaftsbereich hören wir immer wieder Wundergeschichten. Da hatte zum Beispiel in den USA ein blasser ukrainischer Immigrant mit schütterem Haar 2009 die Idee, dass die Menschen dringend noch mehr miteinander kommunizieren sollten, und zwar schneller als per SMS und umsonst. Deshalb gründete er mit ein paar Kollegen eine Firma namens »WhatsApp«. Fünf Jahre später verkaufte er den Chat-Dienst für 19 Milliarden Dollar. Ganz ehrlich, wer von uns hat da nicht das Gefühl, doch irgendwie ein Loser zu sein? Oder wie es meine Tochter einmal auf den Punkt brachte: »Papa, warum hast du eigentlich nicht den iPod erfunden?«

Bei all diesem Vergleichen mit vermeintlichen Idealbildern, die wir in einer Vielzahl an Informationskanälen vermittelt bekommen, ist man geneigt, eine sogenannte virtuelle Identität zu entwickeln. Über Facebook und andere Netzwerke bauen wir uns Identitäten auf, von denen wir glauben, dass sie bei den anderen gut ankommen, die aber mit der Wirklichkeit manchmal gar nicht mehr viel zu tun haben. Manche beherrschen dieses Spiel der virtuellen und »echten« Identitäten spektakulär, andere verlieren sich selbst aus den Augen. Wenn ich aber doch nicht mehr weiß, wer ich selbst bin, wie soll ich dann ein zufriedenes Leben führen?

Bei Gesprächen in meinem Umfeld höre ich immer wieder den Satz: »Ich will doch einfach nur glücklich sein.« So sehr dieser Wunsch auch nachvollziehbar ist, einfach zu erfüllen ist er offensichtlich nicht. Und ich muss es gleich vorweg klarstellen: Ich werde Ihnen in diesem Buch kein Glücksversprechen geben. Sollten Sie auf der Suche nach einer Anleitung sein, wie Sie den Rest Ihres Lebens nur noch glücklich sind, dann legen Sie bitte dieses Buch wieder zur Seite. Ich habe keine Ahnung, wie man ewiges Glück findet. Aber es ist durchaus möglich, sein Leben so zu gestalten, dass wir uns darin wohler fühlen. Dass wir erkennen, wir können Einfluss darauf nehmen.

Dazu ist es aber notwendig zu wissen, was für ein Leben ich überhaupt leben will und was mir beispielsweise guttut, welche Fähigkeiten ich habe oder wo es sinnvoll ist, mir Unterstützung zu holen. Ich brauche eine optimistische Grundhaltung, die mich darauf vertrauen lässt, dass die schlechten Tage auch wieder vorbeigehen werden. Dann kommt nicht nur vorübergehendes Glück auf, sondern es stellen sich eine anhaltende, tiefe innere Zufriedenheit und Gelassenheit ein.

Ist es das, wonach wir alle streben? Was ist uns wirklich wichtig, wenn unsere Grundbedürfnisse wie Nahrung, Kleidung und ein Dach über dem Kopf gesichert sind? Das ist keine rhetorische Frage, schließlich beschäftigen diese Fragen seit langer Zeit die Philosophen und Wissenschaftler.

Kurz und knapp gesagt: Letztendlich können wir alle Bedürfnisse des Menschen auf zwei Säulen reduzieren. Erstens möchte der Mensch sich gerne entwickeln, erforschen, was er vielleicht noch leisten könnte, und dabei die Freiheit haben, Dinge selbst zu tun und zu entscheiden – das kennzeichnet das Streben des individuellen Wesens. Zweitens möchte sich der Mensch in irgendeiner Weise zu einer Gemeinschaft zugehörig fühlen, er hat ein Bedürfnis nach Anteilnahme, Wertschätzung und Anerkennung – das kennzeichnet das Streben innerhalb einer Gemeinschaft. Der Mensch ist gewissermaßen also ein von Natur aus latent schizophrenes Wesen: Er will sich zum einen von seinen Mitmenschen differenzieren, aber sich gleichzeitig bestmöglich integrieren. Hier liegt ein zentrales Thema des Miteinanders – und daraus ergibt sich ein enormes Spannungsfeld für jede Art von Beziehung, ob im Beruf oder im ganz Privaten.

Dieses Buch haben Sie in die Hand genommen, weil Sie sich gerne persönlich weiterentwickeln wollen. Sie möchten wissen, wie Sie Ihre Talente besser nutzen können und in welcher Hinsicht noch Potenziale bestehen. Viele Menschen wünschen sich ein Leben, in dem sie sich wohlfühlen und das sie zufrieden macht, einige streben danach, so viel Geld auf dem Konto zu haben, dass sie sich jede Laune leisten können. Ist Geld also vielleicht doch eine mögliche Quelle des Glücks? Mit Sicherheit. Bei Vorträgen erziele ich zwar bei Führungskräften und Vorständen immer das größte Entzücken, wenn ich berichte, dass einige Untersuchungen ergeben haben, dass ein Gehalt von mehr als 60 000 Euro jährlich die Menschen nicht wirklich zufriedener macht. Die Unternehmer sind dann immer ganz erleichtert und meinen, dass sie sich die nächste Gehaltsverhandlung mit ihrer Belegschaft ersparen können – was natürlich so nicht stimmt. Selbstverständlich hat ein gutes Gehalt durchaus etwas mit der Zufriedenheit im Leben zu tun (mal ganz abgesehen vom Motivationsgrad der Mitarbeiter eines Unternehmens).

Eine zweite Untersuchung ist in diesem Zusammenhang mindestens ebenso bemerkenswert: Obwohl der Wohlstand in Deutschland in den letzten Jahrzehnten statistisch gesehen drastisch angestiegen ist, hat sich das Wohlbefinden der Bürger nicht wesentlich verändert. Laut World Happiness Report haben die Einwohner von Ländern wie Costa Rica oder Venezuela zwar einen niedrigeren Lebensstandard, sind aber deutlich zufriedener mit dem Leben als beispielsweise wir Deutschen.

Ähnlich verhält es sich mit der Freiheit, die wir haben, um unsere ganz persönlichen großen und kleinen Entscheidungen im Leben zu treffen. Freiheit ist ein wesentlicher Baustein für Glücksempfinden – und es bezweifelt niemand, dass die meisten Menschen, die frei in ihren Entscheidungsmöglichkeiten sind, in der Regel zufriedener sind als jene, die strikt nach Vorgaben handeln müssen. Doch erleben wir in Deutschland und in vielen anderen postindustriellen Gesellschaften auch einen gegenteiligen Effekt, nämlich, dass Menschen mit zu vielen Auswahlmöglichkeiten unter bestimmten Umständen durchaus mit ihrer Freiheit hadern und es tatsächlich einen Grad an Freiheit geben kann, der die Menschen in ihrem Alltag belastet. Das klingt vielleicht merkwürdig, aber es wird nachvollziehbar, wenn man sich beispielsweise ins Gedächtnis ruft, wie viele verschiedene Arten von Orangensaft es gibt oder aus wie vielen verschiedenen Automodellen wir auswählen können. Allzu oft verschwenden wir wertvolle Minuten unserer Lebenszeit, um uns in dem Dschungel an Angeboten zurechtzufinden und uns für ein Produkt zu entscheiden. Alles zu können und eine große Entscheidungsfreiheit zu haben, macht nicht immer wirklich frei.

»Du bist völlig frei, zu tun und zu lassen, was du willst!« – »Mach doch das, was dir am meisten liegt!« Das sind zwei oft gehörte Empfehlungen, die das Dilemma deutlich machen: Ein hohes Maß an Freiheit kann uns bisweilen verunsichern, von der Wahl beim Einkauf bis hin zur Berufswahl. Und die Aufforderungen zu mehr Lockerheit und Freiheit sind am Ende Sätze, die viele Menschen belasten, da sie ihnen verdeutlichen, dass die ganze Verantwortung auf ihnen selbst lastet.

Byung-Chul Han, ein Philosophieprofessor in Berlin, behauptet sogar, dass wir gerade durch unser exzessives Bedürfnis nach Freiheit unfrei geworden sind. Dadurch, dass alles erlaubt ist, unterliegen wir heute sehr vielen Zwängen – und sind am Ende des Tages extrem eingebunden und unfrei. »Die Freiheit des Könnens erzeugt mehr Zwänge als die Freiheit des Sollens, das Gebote und Verbote ausspricht. Das Soll hat eine Grenze, das Kann hat keine.«[1]

Jeder ist heute sein eigener Herr und gibt sich selbst vor, wie stark er welchen Ansprüchen gerecht werden will. Doch durch den Leistungs- und Optimierungszwang haben wir alle eine Tendenz zur Selbstausbeutung. Wir können uns nur schwer dagegen auflehnen und sind ständig aufgefordert, das Beste aus uns zu machen. Ist es also wirklich die Freiheit, nach der wir streben? Oder doch noch etwas anderes?

Das Streben nach Geld oder Freiheit – es hat seine offensichtlichen Schattenseiten. Bleibt ein weiterer essenzieller Quell für Lebenszufriedenheit: die Gesundheit. Auch hier gibt es Standardformulierungen, die fast wie Redewendungen ihren Weg in den allgemeinen Wortschatz gefunden haben. Zum Beispiel: »Egal, was passiert – Hauptsache, man ist gesund!« Stimmt durchaus. Nur scheint Gesundheit in der Glückswahrnehmung erst dann wichtig zu werden, wenn sie schwächer wird oder gar fehlt. Wir hoffen bis dahin, dass sie uns erhalten bleibt. Und selbst wenn wir gesundheitlich angeschlagen sind, heißt das noch lange nicht, dass wir keine glücklichen Menschen mehr sein können. Die Wissenschaft hat mittlerweile herausgefunden, dass 50 Prozent unseres Wohlbefindens – im Sinne von Zufriedenheit mit dem Leben – genetisch bedingt sind. Das bedeutet, dass wir eine bestimmte fest veranlagte Grundtendenz haben, uns mit dem Leben anzufreunden. Und das heißt natürlich auch, dass Menschen, die krank oder körperlich eingeschränkt sind, eine durchaus zufriedene und positive Einstellung zum Leben haben können. Ich werde nie eine Situation vergessen, als mir bei einem Ausflug mit einer Gruppe körperbehinderter Kinder ein Mädchen, das ich durch die Straßen schob, aus dem Rollstuhl stürzte, da ich ein Loch in der Straße übersehen hatte. Der Rollstuhl knickte ab, das Mädchen fiel vornüber, direkt auf die Straße. Ich war entsetzt, erschrak, eilte ihr zu Hilfe – mit vermutlich dem schlechtesten Gewissen, das ich jemals hatte. Das Mädchen aber lachte herzhaft! Es strahlte eine enorme Lebensfreude aus, mehr als viele körperlich gesunde Menschen.

Zurück zu der streng wissenschaftlichen Berechnung von Glück: Forscher haben errechnet, dass nur rund zehn Prozent von äußerlichen Gegebenheiten wie Gesundheit oder Einkommen abhängig sind; die Hälfte des Glücksempfindens ist, wie gerade erwähnt, genetisch bedingt und damit fix. Bleiben also immerhin noch 40 Prozent, die wir durch Einstellungen, Verhaltensweisen und Aktivitäten beeinflussen können.

Um uns diesen 40 Prozent nähern zu können, müssen wir uns den Glücksbegriff der Menschen genauer anschauen. Von welcher Art Glück reden wir hier eigentlich? Offensichtlich nicht vom sogenannten Zufallsglück, also dem Lottogewinn oder dem Finden eines Zehn-Euro-Scheins auf der Straße. Dieses Glück können wir nur bedingt beeinflussen (ich werde weiter hinten im Buch noch mal darauf zurückkommen).

Schon die alten Griechen haben noch zwei weitere Arten von Glück unterschieden, nämlich das hedonistische und das eudaimonische Glück. Das hedonistische Glück beschreibt als höchstes Ziel den Genuss und die Befriedigung von Gelüsten, während das eudaimonische Glück sich aus einem guten Leben speist, aus der Zufriedenheit mit sich und der Welt und einem tugendvollen Ansatz, der Welt nicht zu schaden.

Es sind vermutlich alle drei Arten von Glück wichtig. Sowohl das hedonistische als auch das Zufallsglück sind im Leben immer wieder notwendig. Doch das, wonach wir alle streben, um das wir uns aktiv bemühen, ist das eudaimonische Glück. Und eine wirkliche Zufriedenheit stellt sich ein, wenn es eine gute Balance zwischen hedonistischem und eudaimonischem Glück gibt, gewürzt mit einer Prise Zufallsglück.

Stellen wir uns einen Menschen vor, der tugendhaft und immer darum bemüht ist, alles richtig zu machen. Ein Mensch, der sich ständig um eine moralisch korrekte Haltung bemüht. Auf mich wirkt eine solche Person im besten Falle langweilig, im schlimmsten Falle getrieben und glücklos. Und andersherum, ein Mensch, der nur nach dem Lustprinzip lebt und es sich unentwegt gut gehen lässt, wirkt schnell nichts weiter als oberflächlich.

Ich denke, wir streben nach einem Leben, das sich erfüllt anfühlt, das uns befriedigt und in dem wir uns wohlfühlen. Das kann für jeden ganz Unterschiedliches bedeuten. Der eine ist erfüllt durch die Arbeit mit Menschen, der andere möchte gern etwas ganz für sich alleine entwickeln, und wieder ein anderer betrachtet sein Leben als erfüllt, wenn er möglichst wenig arbeiten muss. Entscheidend ist, was der Einzelne empfindet. Das Gefühl des Erfülltseins äußert sich häufig in einer souveränen Haltung, die uns erlaubt, mal fröhlich und unvernünftig zu sein, und die uns dennoch unsere langfristigen Ideen, Werte und Ziele nicht aus den Augen verlieren lässt.

Wie genau finden wir diese Haltung? Es hilft auf jeden Fall, wenn wir uns besser kennen. Wenn wir nicht länger versuchen, so zu werden wie die anderen. Sondern wenn wir erforschen, wer wir sind. Welche Stärken wir haben, welche Beziehungen uns etwas bedeuten und was wir erreichen wollen. Wenn wir darüber mehr Klarheit haben, dann können wir ein wenig mehr Gelassenheit entwickeln und uns an den Dingen freuen, die uns wichtig sind.

Gleichzeitig sind wir natürlich nicht losgelöst von dem Umfeld, in dem wir uns bewegen, und so gibt es immer wieder gesellschaftliche Werte und Ziele, die auch uns wichtig sind. Der Umgang mit den Bedürfnissen der Menschen und das Streben nach bestimmten Werten und Zielen unterliegen einer kontinuierlichen Veränderung. Im 19. Jahrhundert galt noch die »Disziplin« als das Maß der Dinge. Es existierten hohe moralische Ansprüche, und es galt jener als edel und gut, der seine Gefühle und Bedürfnisse durch Willenskraft und Disziplin beherrschte. In den 1920er-Jahren wich diese Sichtweise zugunsten der Lust am Genuss und am Spaß. Im Nationalsozialismus wurde der Wille zum großen Prinzip (man denke nur an Leni Riefenstahls »Triumph des Willens«). Ende der 1950er-Jahre fingen die Menschen an, sich mehr zu leisten. Mit dem Wirtschaftswunder begann eine Phase, in der nicht mehr Wille und Disziplin zählten, sondern der Wunsch nach gesellschaftlicher Anerkennung. Die Werbung suggerierte den Menschen, was sie für ihr Glück brauchten. So entwickelte sich eine immer stärker individualisierte Sichtweise auf das Leben. War zunächst noch die Vorstellung verbreitet, dass wir nur ernsthaft an einen Traum glauben müssten, um ihn realisieren zu können, folgte in den 1970er-Jahren eine Phase, in der wir gern den anderen die Schuld für nicht erfüllte Wünsche gaben, vorzugsweise den gesellschaftlichen und politischen Systemen. In den 1980er-Jahren wurde das Selbstwertgefühl hochgehalten, und jeder glaubte: Alles ist möglich! Gefolgt von der hedonistischen und maximal marktliberalen Überzeugung der 1990er-Jahre: Jeder ist seines Glückes Schmied, die Welt steht dem offen, der etwas bewegen will. Erst danach kam die Generation Y, also all jene, die in den Jahren von Ende der 1970er- bis Anfang der 1990er-Jahre geboren wurden, und mit ihr eine veränderte Sichtweise auf die Welt. Sie hat das kontinuierliche Wirtschaftswachstum der 1950er- und 1960er-Jahre nicht mehr erlebt, sie hat den 11. September 2001 schon mitbekommen, sie ist es schlicht gewohnt, mit unsicheren Verhältnissen umzugehen. Infolgedessen ist diese neue Generation auch nicht mehr bereit, alles für das Arbeitsleben zu opfern. Sie wünscht sich eine sinnvolle Arbeit, die ein maximales Maß an Lebensqualität ermöglicht.

Jede Generation fühlt sich durch sehr unterschiedliche Zielsetzungen motiviert, ihr Leben bewusst zu gestalten. Doch alle haben eines gemeinsam: das Bedürfnis, ein gutes, ein zufriedenes Leben zu führen.

In unserer jetzigen, durch und durch individualisierten Gesellschaft stehen die Verwirklichung der Persönlichkeit, das »Sich-entfalten-Können« und das Nutzen von Potenzialen ganz oben auf der Liste des Erstrebenswerten. Das klingt ja auch gut. Der Haken: Dazu müssen wir nun mal wissen, wie wir denn unsere Persönlichkeit am besten entfalten können. Wir müssen verstehen, wer wir sind, was uns wichtig ist, warum und wofür wir die Dinge tun, die wir tun. Ein Vorhaben, das sich als recht komplex und schwierig darstellt, und das nicht nur, weil es mittlerweile wenig gesellschaftlichen Reibungswiderstand gibt, der aber sehr hilfreich ist, um seine Einzigartigkeit zu erkennen. Mittlerweile ist unfassbar viel erlaubt, die Gesellschaft toleriert unzählige Verhaltensweisen. Gerade für Jugendliche ist es schwer, ihre Persönlichkeit wirklich zu erkennen und zu finden. Die aktuelle Gesellschaft bietet da wenig Orientierung. Sich gegenüber seinen Eltern abzugrenzen, ist heute deutlich schwerer. Kiffen? – Papa hat doch früher selbst Marihuana im Garten angebaut. Partys? – Waren früher auch schon mal wilder. Aber auch andere Vorbilder fehlen, ganz gleich, ob in Wirtschaft, Politik oder in religiösen Einrichtungen, überall begegnen wir heute Betrügereien, Korruption oder Missbrauch. Die »Anything-goes«-Haltung in Verbindung mit fehlenden Vorbildern erschwert hier eine klare Identifikation beziehungsweise Abgrenzung. Noch in den 1980er-Jahren haben sich Popper, Punks und Grufties perfekt voneinander abgrenzen können. Jede Gruppe hatte ihre eigenen Distinktionsmerkmale und einen Wertekodex, der nur für sie galt – heute gibt es Gruppierungen wie Hipsters, Nerds oder Geeks, deren Werte sich überraschend ähneln.[2] Möglicherweise, weil sie alle sich auf die gleichen Quellen beziehen: das Internet. Studenten führen angepasstere Leben als früher, und auch bei der Kindererziehung werden, egal unter welchen Erziehungsmodellen, die Werte und Haltungen, die weitergegeben werden, immer ähnlicher.

Im unternehmerischen Kontext sind Arbeitsverhältnisse immer stärker von temporärem Charakter geprägt, Fachkräfte werden nur noch projektbezogen eingesetzt (auch wenn sich hier mittlerweile die Unternehmen wieder mehr Verbindlichkeit wünschen würden). Arbeitgeber fordern von ihren Mitarbeitern ein hohes Maß an Flexibilität, Lernbereitschaft, Anpassungsfähigkeit, sie wollen hohes Spezialistentum. Das Modell »Ein Job fürs Leben« existiert schon lange nicht mehr.

Selbst die Karriereleiter gibt es nur noch selten in der alten geradlinigen »Leiter«-Form. Vielmehr steigen die Manager heute an einem Klettergerüst auf, an dem sie auch mal quer vorwärtskommen müssen. Auch innerhalb von Unternehmen wechseln die Strategien ständig aufgrund von dynamischen Märkten und immer kürzer werdenden Produktlebenszyklen, und Mitarbeiter versuchen sich immer wieder den neuen Gegebenheiten anzupassen. Bei so viel kontinuierlicher Veränderung ist es für alle Beteiligten gar nicht so einfach, immer wieder zu wissen, für was man steht und was einem wirklich wichtig ist.

So ist es doch besser zu zweit als allein – Das Bedürfnis nach einem Miteinander

Der Mensch möchte sich entfalten – scheitert nur leider oftmals an der Realität. Bleibt das Bedürfnis nach Zugehörigkeit. Wir möchten gerne verbunden sein mit einer Person, Gruppe oder Gemeinschaft. Der Mensch ist von seinem Wesen her sozial. Doch was genau ist ein soziales Wesen? Der Mensch hat irgendwann vor einigen Millionen Jahren sich mit anderen zusammengeschlossen, um große wilde Tiere jagen zu können. Und spätestens ab dem Zeitpunkt des Ackerbaus war er praktisch nicht mehr in der Lage, für sich ganz alleine zu sorgen. Es bildeten sich Gemeinschaften, die zum Zwecke der Nahrungssicherung zusammenwirkten. Diese Erfahrung hat sich bei uns so verinnerlicht, dass wir auch heute noch gerne in Gemeinschaften arbeiten und leben. Das bedeutet nicht, dass es keine Persönlichkeiten gäbe, die lieber alleine arbeiten, oder andere, die sich in Ruhe und Einsamkeit wohlfühlen. Entscheidend ist, dass wir mehr denn je sowohl in wirtschaftlicher als auch in psychischer Hinsicht aufeinander angewiesen sind. Gerade in der Wirtschaft ist durch den hohen Grad an Spezialisierung und Arbeitsteilung ein Miteinander heute notwendiger denn je. Viele Arbeitsschritte sind isoliert gar nicht mehr sinnvoll. Die meisten von uns sind nicht mehr in der Lage, eigene Lebensmittel herzustellen, unser Auto zu reparieren oder eigene Kleidung zu nähen. Wir bedienen uns einer großen Anzahl von elektronischen Geräten, die wir nicht mal im Ansatz technisch verstehen (ich weiß bis heute nicht, wieso meine WhatsApp-Nachrichten inklusive Fotos von meinem Handy auf ein anderes »fliegen« können).

Aber neben diesen wirtschaftlichen und soziologischen Gegebenheiten sind wir auch aus der Sicht der Psychologie und der Biologie auf ein Miteinander angewiesen. Physisch haben wir ein »Motivationssystem«, das uns durch die Ausschüttung von verschiedenen Botenstoffen (chemische Stoffe, die der Übermittlung von Signalen zwischen verschiedenen Zellen dienen) Handlungsbereitschaft und auch Handlungsfähigkeit signalisiert. Vereinfacht gesagt, gibt es drei wichtige Botenstoffe in diesem Zusammenhang: erstens das Dopamin, ein Botenstoff, der uns glücklich macht. Er wird unter anderem ausgeschüttet durch angenehme Aktivitäten wie Essen oder auch Sex. Zweitens das Oxytacin, das als neu entdecktes Beziehungshormon gilt, da es nur bei Säugetieren vorkommt, die Bindungen eingehen. Es reduziert soziale Ängste und gilt als vertrauensfördernd. Die Produktion wird angeregt durch eine freundliche und zugewandte Interaktion mit anderen Menschen, weshalb es auch gerne das »Kuschelhormon« genannt wird. Und drittens die Opioide, die ebenfalls eine aktive und motivierende Reaktion in uns auslösen. Die drei Botenstoffe werden in dieser Dreierkombination vor allem durch soziale Handlungen ausgeschüttet. Zeigt man beispielsweise einer

Person Fotos von ihren Kindern oder anderen Menschen, die sie liebt, werden die entsprechenden Stoffe produziert.

Vielleicht denken Sie jetzt: Für diese Botenstoffe muss es doch einen künstlichen Ersatz geben, wenn sie so eine beeindruckende Wirkung haben! Rein theoretisch stimmt das auch. Um diese Botenstoffe künstlich zu erzeugen, könnten wir viel Alkohol trinken (Ausschüttung von Dopamin) oder ein wenig Haschisch rauchen (Ausschüttung von Opioiden) und dann auf eine ähnliche Reaktion hoffen. Unabhängig von den eher zweifelhaften gesundheitlichen Folgen dieser Vorgehensweise erzeugen diese Botenstoffe, wenn sie künstlich erzeugt werden, lediglich eine isolierte Wirkung.

Die motivierende und anregende Wirkung der Stoffe wird nur durch deren gemeinschaftliche Stimulation ausgelöst, durch die Interaktion mit Menschen, durch ein wertschätzendes Miteinander und auch durch liebevolle, körperliche Kontakte. Forschungen in Stanford haben diese Reaktion des Gehirns »social brain« genannt. So kann durch ein gutes intaktes soziales Umfeld sogar die Lebenserwartung erhöht werden. Umgekehrt wurde festgestellt, dass eine längere Isolation des Menschen zu einem Kollaps dieses biologischen Motivationssystems führt.

Auch die psychologische Wirkung von menschlicher Interaktion wurde in vielen Forschungsarbeiten nachgewiesen: Menschen, die sich einsam fühlen, werden häufiger krank als andere. Dabei wird das gesundheitliche Risiko ähnlich hoch eingeschätzt wie bei jemandem, der täglich 15 Zigaretten raucht.[3] Die Forscherin Naomi Eisenberger von der University of California in Los Angeles hat sogar festgestellt, dass bei sozialer Ausgrenzung jene Hirnregionen aktiv werden, die für das Schmerzempfinden zuständig sind. Sogar die Entzündungswerte steigen an.[4]

Wichtig ist in diesem Zusammenhang die Formulierung »sich einsam fühlen«. Entscheidend für den gesundheitlichen Zustand ist die innere Einstellung zu den äußerlichen Gegebenheiten. Einsam fühlen können sich auch Menschen, die viele Bekannte haben, aber niemanden, mit dem sie sich wirklich verbunden fühlen. Und umgekehrt gibt es Menschen, die sich auch mit ganz wenigen sozialen Kontakten gut fühlen. Das subjektive Empfinden steht hier im Vordergrund. Die Aussage, dass der Mensch ein soziales Wesen ist, bezieht sich also weniger auf seine Haltung im Sinne von »sozial ist gleich gut«, sondern eher auf den Aspekt: Der Mensch ist dafür geboren, mit anderen Menschen gemeinsam zu leben.

Es gibt natürlich immer wieder Menschen, die den Eindruck erwecken, dass sie keinerlei Interesse an ihren Mitmenschen hätten. Wir kennen alle den ein oder anderen mürrischen Zeitgenossen in unseren Freundeskreisen, Leute, die überhaupt nicht den Eindruck machen, als ob sie wirklich versuchen würden, glücklich zu sein. Aber vielleicht wollen diese Personen gerade durch eine Abwehrhaltung zu ihrem Wohlbefinden beitragen. Möglicherweise glauben sie, sich vor anderen schützen zu müssen, da sie vielleicht schlechte Erfahrungen gemacht haben. Diese können sowohl darin bestehen, ausgenutzt oder aber auch schlecht behandelt worden zu sein. Gerade die ruppigen, rauen Typen haben meistens einen ganz weichen Kern und sind in der Regel nur so abweisend, damit keiner näher an sie herankommt. Ich hatte einmal einen Kollegen, der solch ein resolutes und dominantes Auftreten an den Tag legte, und ich fühlte mich schnell ziemlich eingeschüchtert. Als er mich dann wieder mal so ruppig behandelte, nahm ich all meinen Mut zusammen und sprach ihn darauf an, da wir noch eine längere Zeit zusammen in dem Projekt arbeiten sollten. Er schaute mich ganz überrascht an und meinte:

»Komme ich wirklich so rüber? Das ist gar nicht meine Absicht! Ich wollte gerade einfach nur meine Ruhe haben.« Unser Gespräch war die Ausgangsbasis für eine wunderbare Zusammenarbeit.

Ich will etwas, was du nicht willst

Ist einem dieses Spannungsfeld zwischen Zusammengehörigkeit und individuellem Entfaltungsraum bewusst, erkennt man den Hintergrund vieler Beziehungsproblematiken. Die meisten solcher Probleme entstehen aus dem Versuch, zwischen diesen beiden Polen ein Gleichgewicht herzustellen. Die Fragen »Wie viel Nähe braucht eine Beziehung?« und »Wie viel Eigenständigkeit verträgt eine Beziehung?« müssen immer wieder überprüft oder gar neu gestellt werden. Jeder von uns hat in diesem Zusammenhang ganz unterschiedliche Vorstellungen. Dies auszuloten ist ein wichtiger Bestandteil von funktionierenden Beziehungen.

PERSÖNLICHES SPANNUNGSFELD

Denken Sie an frühere Beziehungskonflikte, die Sie in Ihrem Leben bereits erlebt haben – egal ob mit Ihren Eltern, Ihrem Partner oder einem Kollegen. Überprüfen Sie für sich, ob dieser Konflikt möglicherweise aus dem Spannungsfeld von Zugehörigkeit und persönlichem Entwicklungsbedarf bestand. Was war in diesem Konflikt Ihr persönliches Bedürfnis?

Wenn wir uns mit unserem Partner darüber streiten, warum der eine so viel Zeit für sein Hobby braucht und sich deshalb weniger um die Partnerschaft kümmert, dann ist klar: Hier sucht ein Partner mehr Verbundenheit, der andere hingegen mehr persönliche Zeit für sich. Der eine braucht ganz viel direkte, unmittelbare Nähe, um sich zu einer Gemeinschaft zugehörig zu fühlen. Für den anderen genügen wenige kurze Kontakte. Aber Beziehungen und das Gefühl, dazuzugehören, brauchen beide Seiten.

Dieses Spannungsfeld erklärt auch, warum wir uns in einem Paradoxon befinden, zwischen dem Bedürfnis, sich zu individualisieren und sich als etwas Besonderes zu fühlen, und dem Willen, sich gleichzeitig einer Gruppe anzugleichen. Der Sportartikelhersteller Nike bietet mittlerweile seinen Kunden die Option an, den sehr begehrten Markennamen durch seinen persönlichen Namen auf dem Schuh zu ersetzen. Dadurch ist dieser in hohem Maße individualisiert. Aber Grundlage für diese scheinbare Einzigartigkeit ist eine maximale Konformität, nämlich: Alle haben den eigenen Namen auf einem einheitlichen Schuhmodell.

Die Balance zwischen diesen Polen zu halten, ist eine Herausforderung, die uns immer wieder einiges abverlangt. Es gibt Phasen, in denen der eine oder andere Bereich für eine gewisse Zeit stärker ausgeprägt ist. Ziel sollte aber sein, die Balance immer wieder neu anzustreben. Dadurch fühlen wir uns ausgeglichen und zufrieden.

Ich möchte Sie nun einladen, im ersten Teil des Buches zu erforschen, wer Sie sind, was Ihre Stärken sind. Finden Sie heraus, welche Werte Ihnen wichtig sind, wie Ihre Einstellung zu sich selbst Ihr Handeln beeinflusst, was Erfolg für Sie bedeutet. Im zweiten Teil des Buches haben Sie dann die Möglichkeit, Ihre

Beziehungen zu betrachten und zu überprüfen, ob Ihr Wunsch nach Zugehörigkeit erfüllt ist – und an welchen Stellen Sie eventuell noch Entwicklungsbedarf haben. Beide Aspekte zusammen werden Ihnen ermöglichen, ein erfülltes, zufriedenes und gutes Leben zu führen. Ein *flourishing life!*

TEIL 1 SELBSTINVENTUR

Der folgende Test gibt Ihnen die Möglichkeiten einer ersten kurzen Selbstinventur. Sollten Sie sich ein detaillierteres Ergebnis wünschen, können Sie den Test gerne auf der Internetseite www.flourishing-institut.com durchführen.

Fragebogen SELBSTINVENTUR

Bitte kreuzen Sie den entsprechenden Wert zwischen
5 – Stimme ich voll zu – und **1** – Stimme ich gar nicht zu –
als Antwort auf die Fragen **1)** bis **20)** an.

1) Ich habe alle Kompetenzen und Fähigkeiten, die ich brauche, um das tun zu können, was mir wichtig ist.

Stimme ich voll zu	5	4	3	2	1	stimme ich gar nicht zu
	○	○	○	○	○	

2) Ich wirke mit am Wohlergehen der Gemeinschaft.

Stimme ich voll zu	5	4	3	2	1	stimme ich gar nicht zu
	○	○	○	○	○	

3) Lebensfreude ist ein Gefühl, das ich täglich spüre.

Stimme ich voll zu	5	4	3	2	1	stimme ich gar nicht zu
	○	○	○	○	○	

4) Ich führe ein sehr selbstbestimmtes und gutes Leben.

Stimme ich voll zu	5	4	3	2	1	stimme ich gar nicht zu
	○	○	○	○	○	

5) Wenn ich in Schwierigkeiten bin, helfen mir meine Stärken weiter.

Stimme ich voll zu	5	4	3	2	1	stimme ich gar nicht zu
	○	○	○	○	○	

6) Ich habe Werte, die mir sehr wichtig sind und für die ich mich sehr engagiere.

Stimme ich voll zu	5	4	3	2	1	stimme ich gar nicht zu
	○	○	○	○	○	

7) Wenn ich etwas erreicht habe, genieße ich meinen Erfolg in vollen Zügen.

Stimme ich	5	4	3	2	1	stimme ich
voll zu	○	○	○	○	○	gar nicht zu

8) Es fällt mir sehr leicht, mich in gute Stimmung zu bringen.

Stimme ich	5	4	3	2	1	stimme ich
voll zu	○	○	○	○	○	gar nicht zu

9) Wenn ich mir was vornehme, kann mich niemand mehr davon abhalten.

Stimme ich	5	4	3	2	1	stimme ich
voll zu	○	○	○	○	○	gar nicht zu

10) Es passiert mir häufig, dass ich Dinge tue, bei denen ich alles andere um mich herum vergesse.

Stimme ich	5	4	3	2	1	stimme ich
voll zu	○	○	○	○	○	gar nicht zu

11) Ich suche immer nach dem höheren Sinn in dem, was ich tue.

Stimme ich	5	4	3	2	1	stimme ich
voll zu	○	○	○	○	○	gar nicht zu

12) Ich bekomme viel Lob für Dinge, die mir ganz selbstverständlich erscheinen.

Stimme ich voll zu	5 ○	4 ○	3 ○	2 ○	1 ○	stimme ich gar nicht zu

13) Ich finde immer auch eine positive Erklärung für alltägliche Ärgernisse.

Stimme ich voll zu	5 ○	4 ○	3 ○	2 ○	1 ○	stimme ich gar nicht zu

14) Ich bin sehr zufrieden mit dem, was ich bisher geleistet habe.

Stimme ich voll zu	5 ○	4 ○	3 ○	2 ○	1 ○	stimme ich gar nicht zu

15) Was ich im Alltag tue, ist wichtig für die Gemeinschaft.

Stimme ich voll zu	5 ○	4 ○	3 ○	2 ○	1 ○	stimme ich gar nicht zu

16) Ich bin optimistisch hinsichtlich meiner Zukunft.

Stimme ich voll zu	5 ○	4 ○	3 ○	2 ○	1 ○	stimme ich gar nicht zu

17) Rückschläge spornen mich eher an als mich zu demotivieren.

Stimme ich voll zu	5	4	3	2	1	stimme ich gar nicht zu
	O	O	O	O	O	

18) Ich habe täglich mehrere Gründe, herzhaft zu lachen.

Stimme ich voll zu	5	4	3	2	1	stimme ich gar nicht zu
	O	O	O	O	O	

19) Ich habe eine klare Vorstellung vom Sinn meiner Handlungen.

Stimme ich voll zu	5	4	3	2	1	stimme ich gar nicht zu
	O	O	O	O	O	

20) Ich bin davon überzeugt, dass ich meine Fähigkeiten gut nutze.

Stimme ich voll zu	5	4	3	2	1	stimme ich gar nicht zu
	O	O	O	O	O	

Tragen Sie nun die Werte von **1** bis **5**, die Sie bei jeder Frage angekreuzt haben, in die Tabelle ein.

Selbstinventur

Frage	Wert	Frage	Wert	Frage	Wert	Frage	Wert
1		2		3		4	
5		6		8		7	
10		11		13		9	
12		15		16		14	
20		19		18		17	
Summe:		Summe:		Summe:		Summe:	
	Stärke		**Sinn**		**Optimismus**		**Erfolg**

Im Anhang auf Seite 215 finden Sie eine Auswertung Ihres Ergebnisses.

Damit wir wissen, wie wir uns entfalten können und wo unsere Potenziale liegen, müssen wir als Erstes vor allem eins schaffen: ein möglichst genaues Bild von uns selbst. In der Regel haben wir eine grobe Idee davon, wer wir sind. Schließlich kennen wir uns ja schon von Geburt an, also wirklich eine ganze Weile. Aber wenn es darum geht, sich selbst zu beschreiben, ein klares Bild von uns zu formulieren, tun wir uns plötzlich ungemein schwer. Hängt das nur damit zusammen, dass wir Schwierigkeiten haben, jede Form von Selbsterkenntnis in Worte zu fassen? Nach dem Motto: Der Fisch kann das Wasser nicht beschreiben. Oder gibt es ein grundsätzlicheres Problem?

Wir entwickeln uns ständig weiter, wir verändern uns, wir sammeln Erfahrungen, modifizieren unsere Einstellungen, werten gleiche Sachverhalte zu verschiedenen Zeitpunkten bisweilen völlig anders, denken privat und politisch je nach Lebensphase überraschend unterschiedlich. Erschwerend kommt hinzu, dass unsere Selbstwahrnehmung in hohem Maße davon abhängt, was wir glauben, wie uns die anderen sehen, und weniger davon, wie sie uns tatsächlich sehen. Mal ganz ehrlich: Wie oft haben Sie schon mal den Mund gehalten, damit Sie sich nicht blamieren? Oder haben etwas sein gelassen, das Sie sich nicht zugetraut haben, wider besseres Wissen? Wissen Sie, welchen Eindruck Sie wirklich bei anderen machen?

Nein, es ist alles andere als leicht, sich genau einzuschätzen oder zu analysieren. Wagen wir es trotzdem.

Es ist enorm hilfreich, den Blick ehrlich und systematisch auf sich zu richten. Es geht nicht um Selbstoptimierung oder eine trockene Analyse biologischer Daten – es geht darum, regelmäßig ein wenig Inventur zu betreiben. Zu überprüfen, wo wir gerade stehen, was uns beschäftigt und wo wir eigentlich hinwollen. Durch diese Inventur sind wir in der Lage, uns besser kennenzulernen und mehr über uns zu erfahren.

Aber wo anfangen? Wenn wir eine Inventur so angehen wie der Filialleiter eines Supermarkts, sollten wir einmal in die Regale blicken, die unsere Persönlichkeit entscheidend prägen. Was dort lagert, wo Mangel herrscht. Das ist gar kein schlechter Anfang. Und dabei werden wir sehr schnell auf vier Fragenkomplexe treffen, die uns immer wieder begegnen werden:

- Welche Einstellung haben wir zu uns und zu unserem Leben?
- Kennen wir unsere Stärken und nutzen sie ausreichend im Alltag?
- Wie definieren wir für uns Erfolg und Misserfolg?
- Welchen Sinn sehen wir in unseren Handlungen, und welche Werte sind uns tatsächlich wichtig?

Ich möchte Sie dazu einladen, an dieser Stelle kurz innezuhalten. Wie lauten Ihre Antworten auf diese Fragen? Vielleicht möchten Sie sich sogar ein paar Notizen machen, damit Sie diese Gedanken festhalten.

EIN SMILEY FÜR MICH – VON DER INNEREN EINSTELLUNG ZU SICH UND DEM LEBEN

Ich bin keine richtige Sportskanone. Aber immerhin gehe ich gelegentlich joggen. Das bedeutet, ich komme nach Hause, ziehe mein Laufdress an, schnüre die Schuhe und laufe los? Mitnichten! Vorher finden lautstarke innere Dialoge statt, die ungefähr folgende Inhalte haben.

Die eine Stimme sagt: »Ich würde jetzt so gerne Sport machen, ich weiß genau, das würde mir jetzt enorm guttun!«

Die andere Stimme sagt: »Womöglich holst du dir eine Erkältung, wenn du bei dem kalten Wetter losläufst und ganz nass wirst.«

Die erste Stimme: »Dafür wird mir wohlig warm sein, wenn ich nach dem Laufen heiß dusche.«

Und wieder eine andere Stimme: »Lauf doch lieber morgen früh, bevor du ins Büro fährst, vielleicht ist dann auch das Wetter besser.« Es ist nicht ganz klar, ob Goethe sich freuen würde, wenn er wüsste, dass Millionen innere Dialoge zum Thema Freizeitbeschäftigung im 21. Jahrhundert mit seinen berühmtesten Worten am treffendsten beschrieben wären: »Zwei Seelen wohnen, ach in meiner Brust …«

Und ich denke manchmal: Wenn es doch nur zwei Seelen wären und nicht mehr.

Wir alle haben diese inneren Auseinandersetzungen – vor allem, wenn wir Entscheidungen treffen müssen, gleich, ob in der Freizeit, im Beruf oder Privatleben. Manchmal aber auch, wenn wir uns etwas nicht zutrauen oder unsicher sind. Gerade dann sind die inneren Ansagen häufig negativer Natur: »Lass die Finger von dem Auftrag, der ist eine Nummer zu groß für dich!«, oder: »Ist doch egal, dass er dir ins Wort gefallen ist, es ist eh viel schlauer, was der zu sagen hat!«, oder: »Wenn ich das jetzt mache, blamiere ich mich wahrscheinlich, und alle wundern sich über mich!«

Das grenzt manchmal regelrecht an Selbstsabotage. Wir reden uns im entscheidenden Moment kleiner, als wir tatsächlich sind.

Häufig sind das Sätze wie: »Man sollte ...!« oder »Das gehört sich nicht ...!«, aber auch: »Wenn ich meine Wünsche äußere, bin ich egoistisch!« Es sind in der Regel Verallgemeinerungen, Glaubenssätze, die aus früheren Erfahrungen resultieren oder die wir mehr oder weniger unreflektiert von anderen Menschen übernommen haben. Sie schränken uns ein und erzeugen ein negatives Selbstbild. Vor allem aber haben sie objektiv gesehen nur eine beschränkte Aussagekraft, was unser eigenes Leben betrifft, da wir sie gar nicht mehr überprüfen.

Dieser innere Kritiker ist wirklich ein mieser Typ, der ständig nach einem Schwachpunkt von uns sucht. Er sorgt dafür, dass wir viele Chancen liegen lassen. Aber er warnt uns auch vor Gefahren und beschützt uns vor leichtsinnigen Taten. Und manchmal ist es auch gar nicht der innere Kritiker, der sich da zu Wort meldet, sondern einfach nur der eigene Schweinehund, der schlichtweg zu faul ist und mal wieder nach einer Ausrede sucht.

Nur keine Gefühlsduselei

Diese inneren kritischen Dialoge und Glaubenssätze sind selten rational zu begründen, deswegen heißen sie ja auch »Glaubens«-Sätze. Sie sind uns in der Regel noch nicht einmal wirklich bewusst. Sie lösen in uns Emotionen aus wie Unsicherheit, Angst oder Zweifel. Sich dieser inneren Dialoge bewusst zu werden und über die entsprechenden Gefühle zu reden, fällt uns sehr schwer. Zum einen, weil sie uns eben nicht so bewusst sind, zum anderen aber auch, weil wir es eher gewohnt sind, über positive Gefühle zu reden. Möglicherweise können wir darüber kommunizieren, dass sich etwas nicht gut anfühlt, aber warum das so ist, können wir sehr selten beschreiben.

Dafür gibt es viele Erklärungen, unter anderem spielt auch eine kulturhistorische Komponente eine Rolle. Seit der Aufklärung wurde der kritische Geist über alles andere gestellt und Emotionen als unedel angesehen. Auch wenn in romantischen Epochen immer wieder versucht wurde, die Emotionalität hochzuhalten: Der Verstand wurde am Ende immer als wichtiger erachtet. Ob es uns gefällt oder nicht: Im Großen und Ganzen wird Rationalität als eine Stärke angesehen und Emotionalität als eine Schwäche. Heute wissen wir aber aus vielen wissenschaftlichen Untersuchungen, dass das Gefühl ein guter Ratgeber sein kann. Die Ansätze der Emotionalen Intelligenz zielen genau auf diese Zusammenhänge ab. Sie behandelt die Fähigkeit, mit den eigenen und den fremden Gefühlen umzugehen und darauf angemessen zu reagieren. Das ist deshalb wichtig, weil die Gefühle uns Hinweise geben, die wir gern mal ignorieren. Nicht umsonst sagen wir: »Bei der Sache habe ich Bauchweh!« Die Intuition ist dabei ein Verbindungsstück. Durch die unbewusste Wahrnehmung vieler Details und eine veränderte Wahrnehmungsperspektive (wir nehmen nicht mehr jedes Detail einzeln wahr, sondern alles mit ein wenig Abstand) bekommen wir häufig eine neue Sicht auf die Dinge. Diese ist meistens fundierter und umfassender. Deshalb zählt die Intuition mittlerweile als wertvolle Entscheidungsgrundlage. Aarum Andersen hatte bereits vor einigen Jahren eine Forschung in Schweden durchgeführt. Danach entscheiden sich 58 Prozent der Manager nach der Intuition, dem Rat eines Kollegen oder Freundes (32 Prozent) oder nach der Wahrnehmung der aktuellen Situation (26 Prozent).[5] Lediglich 23 Prozent gaben an, nach rationalen Zahlen und Fakten zu entscheiden. Die Unternehmensberatung PWC kam 2014 auf die gleichen Ergebnisse für amerikanische Führungskräfte.[6]

Gefühle werden allerdings von den meisten von uns nicht klar wahrgenommen – und sie finden auch nicht immer die passende Ausdrucksform. Wir sind schlichtweg ungeübt im Umgang mit Emotionen. Ein Erklärungszusammenhang kann exakt wiedergegeben werden, ein Gefühl bleibt oft vage. Es ist uns nur bewusst, dass ungebremste Emotionalität sehr selten angemessen ist. Es würde doch skurril wirken, wenn ich jeden Menschen auf der Straße umarmen würde, nur weil ich gerade verliebt bin, oder ich den Postboten anschreien würde, weil er mein heiß ersehntes Päckchen nicht dabeihat. Kindern wird solch ein Verhalten noch zugestanden, aber es gilt als Zeichen von Erziehung und Sozialisierung, dass wir unsere Emotionen im Griff haben.

Vom Sinn und Zweck der Gefühle

Aus der Gewohnheit des Menschen heraus, die Dinge irgendwie einzuordnen, neigen wir dazu, unsere Emotionen in gute und schlechte einzuteilen. Das gibt uns Orientierung. Doch sind uns dabei die negativen Gefühle als nicht wünschenswert vermittelt worden. Wir sollen sie möglichst nicht zeigen, und wer sie zeigt, gilt als unzivilisiert. Wir haben gelernt, uns zusammenzureißen, negative Gefühle nicht allzu eindeutig zu äußern und immer die Contenance zu bewahren. Doch jeder von uns kennt diesen Prozess. Wir sind eigentlich wütend, reißen uns aber zusammen. Das schaffen wir in der Regel genau so lange, bis uns der Kragen platzt und wir von diesem Gefühl überschwemmt werden. Die Strategie, bei missliebigen Dingen einfach so zu tun, als ob nichts wäre, hat sich nicht wirklich bewährt. Doch damit wir bewusster mit unseren negativen Gefühlen umgehen können, bräuchten wir mehr Zeit, um wahrzunehmen, was uns gerade wirklich wütend, traurig oder ängstlich macht. Wir müssten bereit sein, uns mit dem Gegenüber auseinanderzusetzen, die Positionen definieren usw. Die Realität sieht jedoch oft anders aus: Entweder versuchen wir, uns zusammenzureißen. Oder wir lenken uns ab (Möglichkeiten gibt es wahrlich genug).

Für einen konstruktiven und aufmerksamen Umgang mit Gefühlen hilft es, sich deren hohen informativen Wert bewusst zu machen.

Die angeblich negativen Gefühle – wie Angst, Wut, Scham oder auch Ekel – sind in Wirklichkeit echte Stärken im Leben. Sie signalisieren uns zum Beispiel, wo Gefahr lauert. Wut hilft uns, unsere Grenzen zu erkennen. Trauer ist notwendig, um Verluste zu verarbeiten. Angst schützt uns vor Gefahren. Ekel bewahrt uns schlicht und ergreifend vor Verdorbenem oder Giftigem, schafft also Sicherheit. Das Verständnis für die Notwendigkeit von negativen Emotionen kann uns dabei unterstützen, einen deutlich entspannteren Umgang mit ihnen zu entwickeln.

Gefühle liefern außerdem Signale, die wir in Sekundenbruchteilen mit unseren bisherigen Erfahrungen und Vorlieben abgleichen können. Sie helfen uns, im Alltag schnell und effektiv zu funktionieren. Denn auch wenn wir es in einer modernen Gesellschaft mit Supermärkten und Überversorgung vielleicht nicht auf Anhieb merken, ist es für uns doch weiterhin extrem wichtig, die Umwelt schnell einschätzen zu können. Es ist unbedingt nötig, auf Anhieb zu erkennen, ob eine Situation oder ein Sachverhalt gut und hilfreich für uns ist – oder eben schlecht und gefährlich. Gefühle sind folglich keine hohlen Reflexe, sondern Beschreibungen, die wir auf unserer Festplatte des eigenen Lebens bereits definiert haben – ganz gleich, ob wir nun den einen Zustand Angst nennen, einen anderen Aufregung oder Begeisterung.

Trotz dieser wichtigen Funktionen von Emotionen fällt es uns schwer, sie zuzulassen und mit ihnen umzugehen. Die Intuition ist hier so ein Brückenschlag, der es uns erlaubt wahrzunehmen, was da gerade ist. Manchmal halten wir einfach nur inne und denken: »Irgendwie fühlt sich das komisch an!« oder: »Da habe ich kein gutes Gefühl dabei!« Die Intuition baut auf Erfahrungen auf, die uns nicht immer bewusst sind. Wenn wir stärker auf diese leisen Signale achten, dann ermöglicht dies uns, eine fundiertere Entscheidung zu fällen, als wenn wir nur sachlich alle Fakten abarbeiten. Und in dieser Vorgehensweise bekommen vermeintlich negative Gefühl auch eine äußerst nützliche Funktion.

Positive Empfindungen wie Freude, Liebe, Begeisterung, Hoffnung, Dankbarkeit oder Genuss lassen unser Wohlbefinden wachsen und haben damit eine wichtige Funktion: Sie steigern unsere Fähigkeiten. Barbara Fredrickson erkennt auch einen direkten Zusammenhang von guten Gefühlen und der Bereitschaft, Unbekanntes auszuprobieren.[7] Wenn wir uns gut und in Sicherheit fühlen, sind wir eher bereit, neue Wege auszuprobieren. Sie weiten unseren Blick für alternative Möglichkeiten – und machen uns dadurch auf lange Sicht erfolgreich. Wir lernen dazu und werden besser, was uns wiederum positive Emotionen verschafft. Die Bereitschaft, Neues zu wagen oder mutig sein zu können, fällt uns leichter, wenn wir uns sicher und kraftvoll fühlen. Positive Gefühle vergrößern unsere Kompetenzen und unsere Handlungsspielräume. Jeder von uns traut sich in einem vertrauten Freundeskreis mehr zu als unter fremden Menschen. Richard Wiseman von der University of Hertfordshire hat Menschen untersucht, die von sich behauptet haben, sie hätten besonders viel Glück. Er stellte fest, dass sie unter anderem häufig ihrer Intuition folgen, aber auch immer wieder neue Wege und Varianten von alltäglichen Arbeiten und Vorgängen ausprobieren, um auf diese Weise nach neuen Chancen für sich zu suchen.[8] Es lohnt sich also, sich immer wieder auf Neues einzulassen.

Unter Angst oder Druck sind wir stärker auf das Reagieren ausgerichtet. Deshalb nutzen wir dann unsere Erfahrungen und unser Wissen und verhalten uns nach gewohnten und bewährten Mustern. Das ist in gefährlichen oder in unsicheren Situationen auch durchaus hilfreich und sinnvoll. Stellen Sie sich vor, Sie haben eine fünfstündige Bergwanderung hinter sich. Sie fühlen sich gut, aber erschöpft und haben zwei Optionen für den Rückweg vor sich: den vertrauten Pfad, auf dem Sie gekommen sind, und einen, den Sie nicht so genau kennen, der aber laut Karte auch zum Ziel führt. In der Regel nehmen Sie den vertrauten Weg, da Sie in dieser besonderen Situation keine Unsicherheit mehr riskieren wollen. Wären Sie am Anfang Ihrer Wanderung vor diese Frage gestellt gewesen, hätten Sie sich möglicherweise eher für den neuen Weg entschieden.

Ein solches Verhalten schützt uns auch davor, dass wir uns auf einem unbekannten Weg möglicherweise verlaufen, weil wir aufgrund unserer Erschöpfung nicht mehr so achtsam sind.

Doch das Erweitern unseres Handlungsspielraums stellt nur einen Vorteil von mehreren für uns dar. Ein klares Bewusstsein für unsere positiven Gefühle begünstigt noch viel mehr:

- stärkere Flexibilität
- bessere Gesundheit
- mehr Erfolg
- längere Lebenserwartung

Ein Bewusstsein für unsere Gefühle, ganz gleich, ob negativ oder positiv, ermöglicht es uns, auch deutlich besser zu erkennen, was uns dazu bringt, ein bestimmtes Verhalten an den Tag zu legen. Es hilft uns, nicht nur die dominanteren negativen Gefühle wahrzunehmen. Denn wenn etwas nicht so gelaufen ist, wie wir uns das gewünscht haben, ist ein gesundes Maß an Wut, Trauer oder Ärger wichtig, richtig und sinnvoll.

One of those days – Wohin mit den miesen Gefühlen?

Gerade wenn diese vermeintlich negativen Gefühlen auftreten, ist es gut, diese erst einmal anzunehmen und uns selbst einzugestehen. »Ich bin wütend, weil ich mich verletzt fühle!« oder: »Ich ärgere mich wirklich über den Kollegen, der mir immer die Arbeit aufbrummt!« Es gibt ein asiatisches Sprichwort, das diesen Ansatz ganz gut zusammenfasst: »Wer die Tränen nicht kennt, kann das Lachen nicht beschreiben.« Wir haben über die Jahrtausende der menschlichen Entwicklung gelernt, auf negative Gefühle zu achten, da sie uns auf potenzielle Gefahren hinweisen können. In einer modernen Dienstleistungsgesellschaft wird diese Stärke nun plötzlich in eine Schwäche umgedeutet. Eigentlich eine völlig falsche Herangehensweise. Es ist wichtig, hin und wieder einen Miesepetertag als Miesepetertag zu akzeptieren, da uns dieser die Möglichkeit gibt, Erfahrungen und Gedanken zu verarbeiten. Um uns aber über das reine Überleben hinaus weiterentwickeln zu können, ist es wichtig, auch positive Gefühle bewusst wahrzunehmen und wertzuschätzen. Sonst wird aus einem Miesepetertag schnell eine Miesepeterwoche. Reihen sich erst mal ein paar unschöne Ereignisse aneinander, schließen wir gern daraus eine Pechphase (wenn zum Beispiel eine Ampel nach der anderen rot wird). Wir fangen an, uns auf die negativen Dinge zu konzentrieren, und kombinieren sie dann gern mit bewährten Formulierungen wie: »Ist ja klar, dass dir das wieder passiert. Bist halt doch nicht gut genug!« Deshalb sollten wir uns immer auch auf die positiven Ereignisse bewusst konzentrieren. Wie das geht? Eine Möglichkeit, seine Aufmerksamkeit mehr auf die positiven Gedanken zu richten, ist ein Dankbarkeitstagebuch.

DANKBARKEITSTAGEBUCH

Legen Sie sich ein Heft zu, in das Sie drei Wochen lang jeden Abend drei Dinge eintragen, für die Sie an diesem Tag besonders dankbar sind. Das können große oder kleine Erfahrungen sein. Ein gelungenes Projekt oder ein schöner Spaziergang, ein nettes Gespräch oder ein gelöster Konflikt. Wichtig ist, dass Sie ebenfalls notieren, was Sie dazu beigetragen haben. Wenn Ihnen jemand eine Freude gemacht hat, war Ihr Beitrag möglicherweise ein sehr herzliches »Dankeschön«, was auch dem Gebenden den Tag verschönt hat.

Wenn wir es schaffen, besser und bewusster mit unseren Emotionen umzugehen, dann werden wir deutlich souveräner, entspannter und selbstbewusster. Wie angenehm wäre es, wenn wir morgens ins Büro kommen würden und statt eines mürrischen Grummelns die Kollegin zu uns sagen würde: »Du, ich habe mich heute Morgen fürchterlich über etwas geärgert und brauche noch etwas Zeit. Sorry, wenn ich heute Vormittag vielleicht etwas stiller als sonst bin.« Statt sich über das Grummeln der Kollegin Gedanken zu machen, würden wir vermutlich sagen: »Das tut mir leid!« und ihr vielleicht einen Kaffee mitbringen. Und die Kollegin fände das so nett, dass die Hälfte ihres Ärgers schon verschwunden wäre. Ich weiß, das klingt jetzt ein wenig idyllisch, im Prinzip geht es um eine klare Auseinandersetzung und Analyse der eigenen Gefühle.

Fragen wir uns also ruhig öfter: »Hey, wie geht es mir gerade?« Welche Emotionen bestimmen in diesem Moment die Wahrnehmung, und warum sind genau diese da? Und welchen Nutzen haben sie für uns? Uns wird dadurch bewusster, wie viele positive Emotionen wir eigentlich haben und warum negative Emotionen uns vielleicht manchmal überschwemmen. Der folgende Impuls könnte Ihnen beim nächsten Tief vielleicht behilflich sein.

GUTE-LAUNE-SPENDER

Sammeln Sie ein paar Dinge, die Ihnen Kraft, Freude und gute Laune bringen (eine heiße Badewanne, Sport treiben, tanzen, ein schönes Essen, mit Freunden lachen etc.). Die wissenschaftlich nachgewiesenen acht besten Methoden zur Verbesserung der Stimmung sind übrigens im Anhang auf Seite 219 aufgezählt. Wenn Sie das Gefühl haben, Ihnen ist ohne Grund eine Laus über die Leber gelaufen, oder Sie

haben jetzt genügend Zeit in Ihrem Mauseloch verbracht, dann suchen Sie eine dieser Tätigkeiten aus, und setzen Sie diese gleich um! Nebenbei bemerkt: Anhand von neurologischen Untersuchungen wurde festgestellt, dass beim Zuschauen von guten Taten oder Erfolgen auch im eigenen Gehirn eine positive Reaktion geschieht. Also schauen Sie sich Filme an, in denen einander Gutes getan wird oder andere erfolgreich sind. Vielleicht motiviert es Sie ebenfalls, aktiv zu werden.
Bei mir funktioniert das zum Beispiel sehr gut über das Ventil Singen: Wenn ich die Anlage zu Hause oder im Auto aufdrehe und zwei, drei Lieder lauthals mitgesungen habe, ist meine Laune meist deutlich besser (allerdings funktioniert das nur, wenn ich die Gewissheit habe, dass mir wirklich keiner zuhört).

Sollte es uns mal richtig schlecht gehen, gibt es noch ein weiteres erprobtes Mittel gegen die miese Stimmung: jemand anderem helfen. Manchmal haben wir Mitleid mit uns und wünschen uns, dass uns jemand etwas Gutes tut. Schnell macht sich Enttäuschung breit, da wir glauben, keiner spürt, wie schlecht es uns geht. Mein Tipp: Helfen Sie in solchen Momenten einem anderen. Sie werden merken: Auch Sie werden sich gleich besser fühlen.

Red doch mal mit dir – Selbstführung

Abgesehen von den kleinen Tricks und Kniffen im Alltag liefert das Internal Family System des renommierten Psychotherapeuten Dr. Richard C. Schwartz[9] eine gute Möglichkeit, seine

Emotionen zu erkennen und mit ihnen umzugehen. Er geht davon aus, dass in verschiedenen Situationen unterschiedliche Persönlichkeitsteile von uns aktiv sind. Geradeso wie der zu Beginn erwähnte innere Kritiker. Schwartz bringt diese Persönlichkeitsteile zusätzlich in einen systemischen Zusammenhang. Dabei werden jene Anteile, die uns das Leben organisieren, uns aktiv und produktiv halten, »Manager« genannt, während jene Teile, die im Notfall anfangen zu schimpfen oder andere intensive Reaktionen zeigen, »Feuerbekämpfer« heißen. Sie helfen uns, Grenzen aufzuzeigen, wo wir nicht mehr weitergehen wollen oder sollen, sie schützen uns, wenn wir uns bedroht fühlen. Als Drittes gibt es die »Verbannten«, sie werden auch häufig die verletzlichen Teile genannt. Jene Stimmen, die manchmal sagen: »Ich würde jetzt eigentlich gerne beschützt werden« oder »Ich habe Angst, wenn jemand so autoritär auftritt«. Und dann gibt es noch eine Art Moderator für all diese Persönlichkeitsteile, Schwartz nennt ihn das Selbst.

Doch dem Selbst gelingt es nicht immer, die Oberhand zu behalten. Als ich neulich ein Workshop-Konzept mit meinem Mann besprach, machte er verschiedene Anregungen und Vorschläge und hatte auch die ein oder andere Kritik. Mein kreativer Teil bekam es mit der Angst zu tun und hatte Sorge, dass das ganze Konzept zum Teufel war. Also schimpfte ich und wurde wütend. Innerlich aber war mir eigentlich bewusst, dass die Fragen und Ansätze hilfreich waren. Nur dauerte es eine Weile, bis mein Selbst wieder Herr der Lage war.

Schweigen ist nicht immer Gold

Eine junge Controllerin aus einem meiner Seminare berichtete mir einmal, dass sie einen Kollegen hatte, der immer leicht überheblich und arrogant auf sie wirkte. Doch statt seine Art zu ignorieren, machte er sie so wütend, dass sie sich während der Meetings oft nicht konzentrieren und nicht gut mitarbeiten konnte. Sie war mit ihren Gedanken ganz woanders. Die Wut über die Art und das Verhalten des Kollegen lähmte sie geradezu. Bis es dann eines Tages aus ihr herausplatzte und sie einen zu diesem Zeitpunkt völlig unangemessenen Wutanfall bekam. Der Fehler war nicht nur das unkontrollierte Herausplatzen, das nicht dem Anlass entsprach und sie deswegen in einem schlechten Licht dastehen ließ. Der Fehler begann viel früher. Die junge Frau hatte ihre Energie lediglich dazu verwendet, ihre Gefühle zu kontrollieren, anstatt genau zu analysieren, was mit ihr passierte.

Die Kunst bei dem Umgang mit Emotionen ist es, gerade die Verhaltensweisen, die wir an uns nicht besonders mögen, im ersten Schritt erst einmal anzunehmen. Wir müssen uns bewusst machen, dass sie durchaus für uns richtige und hilfreiche Funktionen haben. So wie es eben hilfreich sein kann, wütend zu werden, wenn wir uns bedroht fühlen. Im zweiten Schritt sollte dann überprüft werden, ob das daraus resultierende Verhalten in einer bestimmten Situation hilfreich und angemessen ist. Die junge Frau aus dem Beispiel mit dem Wutausbrauch im Stil einer unkontrollierten Explosion brauchte auch im Rückblick eine ganze Weile, bis ihr klar wurde, dass ein konsequentes Stillhalten gegenüber arrogantem Auftreten für sie keine hilfreiche Strategie war. Durch diese Erkenntnis gelang es ihr, mit ähnlichen Situationen besser umzugehen. Sie erkannte schließlich, dass das Schweigen ein altes Muster war, das ihr in Zukunft nicht mehr wirklich nützlich sein würde.

Schweigen und Verdrängen ist ein weitverbreitetes Verhaltensmuster, das selten nachhaltig Erfolg versprechend wirkt.

Wir gewöhnen uns bestimmte Verhaltensweisen zu einer Zeit an, in der diese Art zu handeln unterstützend war. Meist haben wir als Kind viel Lob erhalten, wenn wir uns so verhalten haben, wie es uns unsere Eltern vorgeschrieben haben. In der Regel führt das dazu, dass wir uns auch später darum bemühen, alles genau so zu machen, wie der Chef oder der Partner es sich wünschen, auch wenn wir möglicherweise eine andere Idee hatten. Später reflektierten wir diese Handlungsweisen und ihren Nutzen aber kaum noch. Wir führen unsere gewohnten Verhaltensweisen einfach fort, ohne uns bewusst zu sein, warum sie uns noch begleiten.

Sie ahnen schon, dass es eine gewisse Übung braucht, um eingefahrene Muster zu überwinden. Aber eine achtsame Selbstreflexion hat für viele Menschen auf Dauer eine sehr entlastende Funktion. Der Ärger über Verhaltensweisen – beispielsweise der mangelnde Mut, in einer Gruppe mit recht homogenen Meinungen auch mal eine gegensätzliche Meinung zu äußern – wird häufig als ein Versagen der ganzen Person wahrgenommen. Eine Selbstinventur hingegen zeigt, dass es sich nur um einen Persönlichkeitsteil handelt, der in solch einer Situation lieber den Rückzieher macht. Möglicherweise gibt es aber andere Persönlichkeitsteile, die sehr gute Leistungen erbringen und jenem Persönlichkeitsteil, der weniger mutig ist, bei der nächsten schwierigen Situation helfen können. Es wird also nicht gleich die ganze Person infrage gestellt, sondern nur bestimmte Teile. Und genau das erleichtert uns den Zugang zu unseren Gefühlen und Verhaltensweisen.

Wer diese Mechanismen erkennt und isoliert betrachtet, ist in der Lage, viel konstruktiver mit seinen Emotionen umzugehen. Er kann sie besser regulieren – und sich damit auch selbst deutlich besser führen. Ein gutes Gefühl zu uns selbst gibt uns

Ruhe, Kraft, Energie und langfristig mehr Gesundheit, Kreativität und Flexibilität und damit auch Erfolg. Es gibt also viele Gründe, seine Gefühle besser wahrzunehmen und eine positive Einstellung zu ihnen zu entwickeln.[10]

UMGANG MIT EMOTIONEN

Denken Sie an einen besonders emotionalen Moment, eine Situation, in der Sie gern überlegter und ruhiger reagiert hätten. Tauchen Sie in diese Situation noch einmal ganz tief ein. Spüren Sie die Emotion? Welche Gefühle waren es? Trauer, Wut, Enttäuschung? Was genau haben Sie in diesem Moment gespürt? Wo haben Sie das Gefühl gespürt? Welcher Teil von Ihnen wurde in dieser Situation aktiv? Nehmen Sie sich Zeit, diesen Teil von Ihnen kennenzulernen. Achten Sie darauf, wie diese Stimme oder dieser Persönlichkeitsteil von Ihnen redet. Was für eine Haltung hätte Ihnen in dieser Situation geholfen?

Gefühle können sich unterschiedlich stark bemerkbar machen. Manche Gefühle sind erschreckend intensiv und lösen heftige Reaktionen bei uns aus. Wir kennen diese Situationen: Ein Freund lässt uns im Stich, wir werden im Beruf offensichtlich ungerecht behandelt, oder wir haben schlicht selbst mal etwas verbockt. Da wird es schwer, aus einem ersten Gefühl eine konstruktive zweite Sicht zu entwickeln. Was soll schließlich daran gut sein, dass wir nicht an einem Projekt teilhaben dürfen? Oder umgekehrt, mal wieder die ganze Arbeit an mir hängen bleibt, weil die Kollegin krank geworden ist? Da gelingt es uns nicht immer, den inneren Beobachter exakt analysieren zu lassen, welche Teile gerade warum zu uns sprechen.

Müssen wir solche Situationen also grundsätzlich abhaken? Nein – warum sollten wir? Es hilft oft schon, nicht einfach die übliche Frage nach dem Warum zu stellen, sondern es zu ersetzen. Viel zielführender als »Warum ist das passiert?«, »Warum ist das gerade mir widerfahren?« oder »Warum hat das nicht geklappt?« ist die Frage: »Wozu?« So wie es Georg Lukács, ein ungarischer Philosoph, der seine wichtigsten Werke in der ersten Hälfte des 20. Jahrhunderts schrieb, einmal formulierte: »Unglück trifft jeden, aber ein gescheiter Mensch kann daraus Nutzen ziehen.« Krisen werden einfach besser bewältigt mithilfe des kleinen Wortes »Wozu«. Diese Fragestellung ermöglicht es uns, den Blick nach vorne zu wenden und sich mit der zukünftigen Situation zu beschäftigen. Bei einer Trennung von einem Partner oder einer Arbeitssituation hilft häufig die Frage: »Wozu bin ich jetzt in diese Situation gekommen?« Diese Frageform erlaubt es, nach Chancen und Optionen zu schauen.

Ich liebe rote Ampeln – Die Perspektive macht den Unterschied

Aber wie sieht es bei den kleineren Ärgernissen des Alltags aus? Was ist mit diesen Alles-läuft-mies-Tagen und den Schlechte-Laune-Phasen? Da reicht ja oft die Tatsache, dass wir mehr rote Ampeln als grüne auf dem Büroweg zählen, als schlechtes Omen für einen ganzen schlechten Vormittag. Jene Tage, an denen die Kaffeemaschine im Büro irgendwie keinen Milchschaum macht und der Chef mit seiner sprunghaften Laune einem die langweiligsten Aufgaben zuteilt und man plötzlich denkt, dass sich die ganze Welt gegen einen verschworen hat. So unangenehm wir diese Tage auch finden, sie haben genauso ihre Berechtigung wie jene Tage, an denen uns einfach alles gelingt, der Parkplatz fünf Minuten vor der Kinovorführung direkt vor unserer Nase frei wird, wir tatsächlich die schnellste Spur im morgendlichen Berufsverkehr erwischen oder den schönsten Tisch im Restaurant bekommen. Auch an solchen Tagen können und sollten wir mal darauf achten, welche Teile von uns aktiv sind. Je mehr Erfahrungen wir mit unseren inneren Teilen aufbauen, desto leichter fällt uns die Selbstführung an den nicht so tollen Tagen.

Wir können es nicht zuletzt mit einer anderen Sichtweise auf die Dinge probieren – ein kleiner Perspektivwechsel als Alltagsübung schadet nie. Wir können versuchen, die Medaille umzudrehen und zu überlegen, ob das vermeintliche Ärgernis nicht auch etwas Gutes hat. Ob die vielen roten Ampeln auf dem Weg in die Arbeit, die uns ständig zum Anhalten zwingen, vielleicht eine Gelegenheit sind, mal innen drin kurz anzuhalten, die Zeit zu nutzen und mal wahrzunehmen, wie man sich gerade fühlt.

Es geht hier *nicht* um positives Denken. Es geht nicht darum, Erfahrungen, die verletzend sind oder die uns Sorgen machen, zu verharmlosen. Vielmehr geht es darum zu überprüfen, welche andere Perspektive für eine bestimmte Situation auch noch möglich ist. Ich möchte auf keinen Fall ein vergorenes Glas Milch zu einem leckeren Milchshake stilisieren. Es geht mir aber sehr wohl um eine offene und ehrliche Betrachtung und die Frage, ob das Glas halb voll oder halb leer ist. Die Perspektive ist entscheidend. Es geht darum, ganz realistisch und pragmatisch nach anderen Blickwinkeln zu suchen und so die eigene Wahrnehmung aus unterschiedlichen Perspektiven zu erforschen.

Der Unterschied lässt sich wunderbar an einer Geschichte erklären, die mir meine Mutter immer wieder erzählte, als ich ein Kind war: Ein Mann lebte auf einer kleinen Insel, die in der Mitte eines Flusses lag. Eines Tages sollte Hochwasser kommen, und alle hatten Sorge, wie hoch das Wasser wohl steigen würde. Der Mann betete zu Gott, und während er das tat, sah er ein Zeichen, das ihm das Gefühl gab, Gott werde ihn beschützen. Kurz darauf kam ein Boot vorbei und bot dem Mann einen Platz an. Dieser lehnte dankend ab und versicherte den anderen, dass der liebe Gott ihn schon retten würde. Als das Wasser dann anstieg und bereits im zweiten Stock stand, kam ein weiteres Boot vorbei, und die Leute in dem Boot luden den Mann ein, ihn in Sicherheit zu bringen. Doch der Mann lehnte erneut ab, mit der Begründung, dass der liebe Gott ihn schon retten werde. Nach einiger Zeit war das Wasser bereits so hoch, dass der Mann nur noch auf seinem Dach sicher war. Da kam ein drittes Boot vom Rettungsdienst angefahren und entdeckte den Mann. Sie versuchten ihn von seinem Dach zu retten, aber der Mann lehnte freundlich ab und verwies auf seinen Glauben, Gott werde ihn schon retten. Schließlich ertrank der Mann und hatte somit Gelegenheit, direkt beim lieben Gott vorzusprechen. Kaum sah er ihn, fragte er: »Lieber Gott, warum hast du mich nicht gerettet?«, und Gott antwortete: »Wie meinst du das? Ich habe dir drei Boote vorbeigeschickt! Mehr konnte ich wirklich nicht tun!«

Der Glaube des Mannes ist zu vergleichen mit dem positiven Denken. Es langt eben nicht, sich alles schönzureden. Viel wichtiger ist es, sich ein realistisches Bild zu machen von dem, was ist, und dann die Chancen, die wir haben, zu nutzen. Darauf zielt die Positive Psychologie ab.

Doch warum sollten wir immer alles nur in Chancen und Herausforderungen sehen? Was haben wir davon? Es ist eine simple Kosten-Nutzen-Rechnung. Mit relativ wenig Aufwand können wir eine positive Grundhaltung uns selbst, aber auch unserer Umwelt gegenüber entwickeln. Und das bringt jede Menge Vorteile mit sich. Zuallererst ist eine positive Haltung sehr gut für die körperliche Gesundheit. Der Arzt und Epidemiologe David Snowden von der University of Kentucky suchte für eine Studie Menschen, die unter verhältnismäßig gleichen Bedingungen lebten, um die Auswirkungen einer optimistischen Grundhaltung zum Leben messen zu können. Er wählte eine Gruppe amerikanischer Ordensschwestern aus, zu deren alltäglichen Aufgaben es gehörte, ein Tagebuch zu schreiben. Er begann 1986 mit seiner aufwendigen Langzeitstudie und analysierte dabei die Tagebücher von rund 600 Schwestern. Anhand der Wortwahl und der Beschreibung der alltäglichen Ereignisse konnte er eine unterschiedlich optimistische Grundhaltung der Schwestern zum Leben erkennen. Und das Entscheidende war folgende Erkenntnis: Die Schwestern, die eine optimistische Grundhaltung zeigten, wurden im Durchschnitt sechs Jahre älter als jene, die in vielen recht alltäglichen Dingen zunächst einmal eine Schwierigkeit sahen. Diese Erkenntnis wurde seitdem von vielen weiteren Forschungsergebnissen gestützt. Zum Beispiel haben Menschen mit einer optimistischen Haltung deutlich weniger Stresssymptome und Herzinfarkte.

Der Körper honoriert also eine gute Einstellung zum Leben. Und umgekehrt ist es auch so. Es besteht ein direkter Zusammenhang zwischen unserer Körperhaltung und unserer Laune: Wir können durch unsere Körperhaltung unsere Stimmung verändern.[11]

Dieser Zusammenhang zwischen dem körperlichen Empfinden und der inneren Haltung heißt Embodiment und ist eine verhältnismäßig junge Forschungsrichtung. Sie zeigt in mittlerweile zahlreichen Experimenten, dass unsere Körperhaltung und Mimik unsere Wahrnehmung beeinflussen. Wenn wir beispielsweise einen grimmigen Gesichtsausdruck machen, dann wurde nachgewiesen, dass wir auch die Nachrichten bzw. Informationen, die wir verarbeiten, negativer beurteilen als mit einem freundlichen Gesicht. Deshalb wird immer wieder gerne empfohlen zu lächeln, auch wenn einem nicht nach lächeln zumute ist, weil wir dadurch bessere Laune bekommen. Dieser Empfehlung würde ich jedoch nicht uneingeschränkt zustimmen. Jeder, der sich längere Zeit zu einem Lächeln gezwungen hat, obwohl ihm gar nicht danach war, weiß, wie unglaublich anstrengend das ist. Aber in der rechten Dosis ist ein Zusammenhang mehrfach belegt.

KÖRPERHALTUNG UND IHRE WIRKUNG

Stellen Sie sich einmal aufrecht hin und lassen Sie die Schultern und den Kopf hängen! Machen Sie einen enttäuschten Gesichtsausdruck und schieben Sie den Bauch raus! Wie fühlt sich das an? Welche Stimmung kommt in Ihnen hoch? Wenn Sie sich nun im Spiegel betrachten: Welchen Eindruck gewinnen Sie von sich selbst?

Das »Power Posing« greift genau diesen Aspekt auf. Die Empfehlung lautet, sich vor einer Situation, die Sie verunsichert, zwei Minuten eine Körperhaltung einzunehmen, die Selbstbewusstsein signalisiert. Probieren Sie es aus! Laufen Sie ein paar Meter ganz selbstbewusst (Brust raus, Becken vor und hoch strecken). Sie werden sofort einen Unterschied merken. Also: Achten Sie auf Ihre Körperhaltung!

Ein Glücksfall kommst selten allein – Vorteile einer optimistischen Perspektive

Es gibt viele Menschen, die sich im Laufe ihres Lebens angewöhnt haben, vor allem darauf zu achten, was gerade nicht passt. An einem heißen Sommertag, an dem die Sonne scheint und jeder gerne an ein kühles Nass denkt (ob es nun der See, ein Schwimmbad oder ein Bier ist), sagt der eine: »Toll, dass das Wetter heute so schön ist!«, und der andere sagt: »Schade, dass ich heute arbeiten muss, wo doch mal die Sonne so schön scheint!« Beides ist richtig, es sind nur unterschiedliche Betrachtungsweisen einer gleichen Situation. Die Neigung, in allem etwas Negatives zu sehen, erhöht allerdings unseren Stresslevel enorm und senkt auch in hohem Maße unsere Lebenszufriedenheit.

Jeder von uns hat unterschiedliche Momente, in denen es schwerfällt, eine optimistische Sichtweise zu behalten. Haben wir uns erst mal auf eine Sache fokussiert, dann fällt uns vieles gar nicht mehr auf. Das ist wie mit dem Satz »Denke nicht an einen rosa Elefanten!«. Es ist unmöglich, nach dieser Aufforderung nicht an einen rosa Elefanten zu denken.

Bei einem psychologischen Experiment wurden einmal per Zeitungsinserat Menschen, die sich für Glückspilze halten, und solche, die sich für Pechvögel halten, gesucht.[12] Als die Forscher die Bewerber in ihr Institut einluden, versteckten sie auf dem Weg zum Institut Geld. Es ging ihnen um die Frage, wer das Geld finden würde – die »Glückspilze«, die »Pechvögel« oder beide Gruppen gleichermaßen? Es klingt wie ein Witz, aber tatsächlich haben nur die Glückspilze das Geld gefunden. Diejenigen, die von sich behaupteten, Pechvögel zu sein, fanden nichts. Es ist also kein Klischee: Die innere Einstellung beeinflusst unsere Wahrnehmung. Sie sehen, ich habe Ihnen nicht zu viel versprochen, als ich in der Einleitung andeutete, dass wir auch auf unser Zufallsglück Einfluss haben.

Es gibt noch ein Phänomen, das diese Wirkung verstärkt: Wir tendieren dazu, unsere aktuellen Lebensumstände immer als die allgemein am verbreitetsten anzusehen. Ein Beispiel: Als meine drei Kinder in den Kindergarten gingen, war ich scheinbar umgeben von kinderreichen Familien. Ich nahm nur noch kinderreiche Familien wahr und war mir sicher, dass der Großteil der Familien drei oder mehr Kinder hat (wider alle statistischen Fakten natürlich). Mein Mann wiederum stellte fest, dass in seinem Büro niemand drei Kinder hatte, erst recht niemand, der seinen Beruf engagiert und karriereorientiert ausübte. Für ihn war unsere Familie eine absolute Ausnahme. Für beide von uns war also unser direktes Umfeld der glaubwürdigste Indikator für die Realität – dabei war diese vor allem von unserer persönlichen Alltagswahrnehmung beeinflusst. Es hilft folglich, sich bewusst zu machen, dass viele Dinge, die wir für gegeben und wahr halten, abhängig sind von etlichen subjektiven Faktoren. Das bedeutet auch, dass wir Einfluss haben auf die Art und Weise, wie wir die Welt, uns und unsere Gefühle wahrnehmen wollen.

Bedenken Sie, dass Gefühle einen hohen informativen Wert haben, ganz egal, ob sie positiv oder negativ sind. Machen Sie sich bewusst, wann Ihre inneren Stimmen anspringen und um welche Gefühle es sich dabei handelt. All dies ist Teil der Selbstinventur und hilft Ihnen, einer Selbstsabotage entgegenzuwirken.

Ich möchte Sie dazu einladen, Ihre Gefühle durch bewusste Perspektivenwechsel, durch simple Fragenwechsel wie vom »Warum?« zum »Wozu?« besser zu beobachten, wahrzunehmen und zu durchleuchten.

ZWEI SEITEN EINER MEDAILLE

Sicherlich gibt es auch in Ihrem Leben eine Situation, über die Sie sich bis heute ärgern – eine Kündigung etwa, eine Krankheit, einen Unfall oder auch eine misslungene Prüfung und deren Folgen. Nun überlegen Sie, welche Chancen, Entwicklungen oder Möglichkeiten sich aus dieser Situation ergeben haben.

So wurde ein Freund von mir bei einer renommierten Kunstschule abgelehnt. Damals war es für ihn ein Weltuntergang, und es folgte ein Jahr des Zweifels und der inneren Auseinandersetzung. Danach entschied er sich, im Ausland zu studieren, und bezeichnet diese Zeit noch 25 Jahre später als die beste seines Lebens.

WAS ICH ALLES KANN! – STÄRKEN ERKENNEN UND NUTZEN

Lassen Sie uns ein wenig darüber nachdenken, was positive Gefühle genau sind und wie sie uns helfen können. Nehmen wir ein klassisches großartiges Gefühl, das vielen von uns quasi von der Wiege an vertraut ist: das Gefühl, das wir haben, wenn wir zeigen können, was in uns steckt. Als Baby haben wir für jeden Entwicklungsschritt Applaus bekommen, als Kind haben wir Bestätigung im Sport, bei der Musik und auch in der Schule erfahren, und als Erwachsene werden wir im Beruf von Vorgesetzten gelobt, wenn wir eine Aufgabe gut erfüllen.

Es tut gut, Lob und Anerkennung zu bekommen, auch wenn wir das Gefühl haben: Eigentlich kann das doch jeder. Es gibt für jeden von uns bestimmte Tätigkeiten, bei denen die Zeit wie im Fluge vergeht, wir haben keinen Hunger und spüren nicht, was um uns herum passiert, wir sind ganz im Hier und Jetzt und vertieft in unser Tun. Es fühlt sich wunderbar an. In der Regel sind wir so in unsere Tätigkeit vertieft, wenn wir eine unserer Stärken verwenden.

Flow – Wie Stärken »high« machen können

Mihaly Csikszentmihalyi, ein ehemaliger Professor für Psychologie an der Universität von Chicago, wurde mit einer Arbeit berühmt, in der er diesen Zustand *Flow*[13] nannte. Mit diesem Begriff beschreibt er einen hoch konzentrierten, welt- und zeitvergessenen Zustand, der optimale Leistungsfähigkeit ermöglicht. Um in den Flow zu kommen, bedarf es eines ausgewogenen Verhältnisses von Anforderungen und Fähigkeiten. Gedanken, Absichten, Gefühle und alle Sinne sind auf das gleiche Ziel gerichtet. Wir befinden uns in einem »selbst«-vergessenen Zustand[14]. Und gerade das macht uns so gut. Sind die Anforderungen höher als unsere Handlungsfähigkeit, dann haben wir Angst, ihnen nicht mehr gerecht zu werden. Sind unsere Fähigkeiten allerdings größer als die Anforderungen, dann fangen wir an, uns zu langweilen, und unsere Leistungen sinken. Die optimale Weiterentwicklung besteht darin, entweder die Fähigkeiten so lange zu trainieren, bis wir größeren Anforderungen gerecht werden, oder umgekehrt die Anforderungen ganz langsam anzuheben, sodass unsere Fähigkeiten sich entsprechend weiterentwickeln können. Csikszentmihalyi machte die Beobachtung, dass Kinder beim Spielen sich häufig in diesem Zustand befinden, und hält es für entsprechend wichtig, dass die jeweilige Aufgabe eine spielerische Komponente hat. Diese Leichtigkeit hilft, den Zustand zu halten. Seine Stärken einzusetzen: Genau das unterstützt den Flow-Zustand und hat dadurch auch eine sehr motivierende Wirkung.

Nobody is perfect

Klingt so weit logisch – und ist doch alles andere als leicht umsetzbar. Das liegt vor allem daran, dass nur zwei Drittel der Menschen ihre Stärken überhaupt benennen können. Wir sind es nicht gewohnt, uns mit unseren Stärken zu beschäftigen. Unser Fokus liegt meist weit mehr auf unseren Schwächen. Vielen von uns fällt es deutlich leichter, die eigenen Schwächen zu benennen als die Stärken. Und wenn wir dann schon mal über unsere Stärken reden, kommt schnell der innere Kritiker und schränkt ein, wie zum Beispiel: »Das ist ja nichts Besonderes!«, oder: »Na ja, diese Stärke ist ja eigentlich keine!« Unser Bewusstsein für unsere Stärken ist extrem schwach ausgeprägt.

Woran liegt das? Sicherlich zum Teil daran, dass uns unser ganzes Leben lang erklärt wurde, was wir alles nicht können. In der Schule geht es schon los. Alle Kinder, egal mit welcher Begabung und Charakterausprägung, müssen das Gleiche leisten. Fällt es einem Kind beispielsweise nicht so leicht, eine Sprache zu lernen, dann gibt es kein Pardon: Es muss sich eben ganz besonders intensiv damit beschäftigen, Vokabeln pauken, Grammatik lernen. Sonst ist die Versetzung gefährdet. Einen anderen Weg sieht unser Bildungssystem nicht vor. Liegt einem anderen Schüler die Mathematik nicht, wird durch Nachhilfe versucht, ihn auf das Niveau der anderen Kinder zu heben. Viele Kinder und Jugendliche quälen sich damit, ihr Selbstbewusstsein leidet. Das geht gleich so weiter im Studium, bei dem mithilfe von bestimmten Fächern die Studenten aussortiert werden, unabhängig von späteren Studieninhalten (ich habe in meinem ganzen Studium und Berufsleben nie die Mathematik gebraucht, die ich im ersten Semester BWL lernen musste). Wie viele hoch talentierte Menschen machen letztendlich nicht eine

Ausbildung, die ihnen liegen würde, nur weil sie schlecht in Mathematik, Statistik oder Latein sind?

Das Aufzeigen von Dingen, die wir nicht oder nicht gut können, ist auch im Berufsleben gang und gäbe. In den Unternehmen ist es Standard zu schauen, welche Fehler ausgeglichen werden müssen, wo die Arbeitsweise eines Mitarbeiters optimiert werden kann. So werden Menschen in allen jenen Fähigkeiten geschult, in denen sie noch nicht so gut sind, in der Hoffnung, dass ihre Schwächen behoben werden. Es ist wie in der folgenden Fabel:

Es waren einmal vier Tiere, das Eichhörnchen, der Adler, die Ente und der Hase. Sie stellten bewundernd fest, was sie alles für großartige Fähigkeiten hatten. Der Adler konnte segeln wie kein anderer, das Eichhörnchen kletterte flink und geschickt, der Hase rannte schneller als alle anderen, und keiner konnte so schwimmen wie die Ente. Sie überlegten sich, dass es doch klasse wäre, wenn man kooperieren und ein Team bilden würde. Als sie dies beschlossen hatten, wollten alle gerne den anderen ihre Fähigkeiten beibringen, damit sie gleich gut werden könnten. Also versuchte die Ente zu rennen, der Hase zu klettern, das Eichhörnchen zu fliegen und der Adler zu schwimmen. Alle trainierten eifrig und nahmen die Misserfolge hin, in der Hoffnung, bald neue Fähigkeiten erlernt zu haben. Doch was passierte, war etwas anderes: Die Ente bekam ganz wunde Füße vom Rennen und konnte bald auch nicht mehr richtig schwimmen. Der Hase hatte von seinen Kletterversuchen seine Läufe blutig gekratzt, sodass er nicht mehr rennen konnte, das Eichhörnchen hatte sich bei den Flugversuchen ein Bein gebrochen und konnte gar nichts mehr, und die Federn vom Adler waren durch das Wasser so durchnässt und schwer, dass er nicht mehr fliegen konnte. Das Ende der Geschichte: Kein Tier konnte mehr etwas besonders gut, und alle waren unzufrieden.

Sowohl im privaten als auch im beruflichen Alltag bemühen wir uns ganz häufig wie die Tiere in der Fabel, dass wir unsere Schwächen abbauen, in der Hoffnung, dann endlich perfekt zu werden. Dabei wäre es viel zielführender (und somit erfolgversprechender), die Stärken intensiv zu nutzen, denn sonst geht es uns so wie den Tieren – alle können ein bisschen was, aber keiner ist wirklich gut!

Dabei geht es nicht darum, Schwächen zu ignorieren. Das wäre auch nicht gut, denn wir haben unsere Schwächen *und* unsere Stärken und sollten uns dies bewusst machen. Die Schwächen gehören zu uns, lassen uns lernen und zeigen Entwicklungspotenziale auf.

Der US-amerikanische Autor und Psychologe Robert Biswas-Diener[15] vergleicht die Schwächen einer Persönlichkeit mit dem Leck eines Bootes. Kümmern wir uns nicht darum, geht das Boot unter. Haben wir allerdings das Leck gestopft, dann ist es wichtig, die Segel (unsere Stärken) zu setzen, um vorwärtszukommen. Entscheidend ist, dass wir beides tun müssen, um in Bewegung zu bleiben.

Wir sollten also lieber versuchen, unsere Schwächen anzunehmen und zu akzeptieren. Es ist gut, sich bewusst zu machen, welche Schwächen uns im Wege stehen. Auf jeden Fall ist es besser, als immer wieder zu versuchen, *alles* gut zu können – niemand schafft das. Vielleicht gibt es ja jemanden, der uns helfen kann, unsere Schwächen auszugleichen. Möglicherweise kann eine Kollegin sehr gut formulieren und schaut noch mal über einen schwierigen Brief, oder der kritische Geist eines

Freundes hilft uns dabei, ein Konzept zu überdenken. Also ignorieren Sie Ihre Schwächen nicht, aber geben Sie ihnen auch keinen größeren Stellenwert als notwendig.

»Der wird mal ein ganz Großer!«

Erinnern Sie sich noch, wie Ihre Eltern voller Begeisterung riefen: Das wird mal ein Fußballer! Wie schön sie singen kann! Schau mal, wie früh sie schon ein Gedicht auswendig vortragen kann! Bei Kleinkindern zeigen sich häufig eindeutige Stärken und Fähigkeiten. Doch was passiert mit all den scheinbaren und den tatsächlichen Talenten? Sie werden im Lauf der Jahre nur selten gepflegt und gefördert, weil die universalen Anforderungen an Kinder heute dazu kaum noch Raum und Zeit bieten. Spätestens bei der Berufswahl stehen viele Heranwachsende plötzlich vor der Frage, was sie eigentlich besonders gut können. Ihre ursprünglichen Stärken sind kaum mehr erkennbar, vielfach sind sie überformt oder schlicht vergessen.

Haben Sie noch etwas in Erinnerung, was Ihnen Ihre Eltern gesagt haben über Ihre Kindheitstalente? Sind sie noch spürbar? Nutzen Sie sie häufiger? Es ist nämlich nicht nur wichtig, dass wir uns unserer Stärken bewusst werden, sondern dass wir sie auch pflegen, nutzen und im Alltag immer wieder anwenden.

Das Wunderbare ist: Das kostet uns gar nicht viel Kraft. Im Gegenteil, Tätigkeiten, bei denen wir unsere Stärken nutzen können, gehen uns leicht von der Hand, machen gute Laune und verschaffen uns häufig Anerkennung. Die unbeschwerte Freude und das Selbstvertrauen, das wir durch das Nutzen unserer Stärken aufbauen, ist ein wichtiger Baustein für privaten und beruflichen Erfolg. Es werden Leidenschaft, Unabhängigkeit, Kompetenz und Zielorientierung durch den Umgang mit unseren Stärken gefördert. Jeder Mensch liebt es, seine Fähigkeiten und seine Begabungen zu nutzen und einzusetzen. Der richtige Umgang mit Stärken besteht darin, die Schwächen nicht aus den Augen zu verlieren – aber gleichzeitig die Stärken zu nutzen. Nutzen wir unsere Stärken, kommen wir sehr viel schneller in den Flow, als wenn wir versuchen, unsere Schwächen zu verbessern. Die Herausforderungen reizen uns mehr, die Erfolge machen mehr Spaß. Allerdings ist es schon auch so, dass ein Flow entstehen kann, wenn eine Schwäche langsam verschwindet. Nur ist der Aufwand wesentlich größer und damit das Risiko, dass Herausforderung und Fähigkeiten zu weit auseinanderliegen.

Stärken entdecken und nutzen

Um unsere Stärken nutzen zu können, müssen wir sie jedoch erst mal kennen. Stärken bestehen aus einer Mischung von Talenten, Fertigkeiten und Wissen. Talente werden als wiederkehrende Denk-, Gefühls- oder Verhaltensweisen gesehen, die produktiv zum Einsatz gebracht werden können. Sie sind uns in die Wiege gelegt und können genutzt werden – oder auch nicht. Vor allem bei der Entwicklung bis zum 15. Lebensjahr können Talente durch Übung und positives Feedback gestärkt werden. Andere, die nicht genutzt werden, verkümmern. Wissen und Fertigkeiten sind hingegen Schlüsselkomponenten von Stärken, die wir mit der Zeit gelernt haben. Jemand mit einem sehr guten Ballgefühl (Talent) hat beispielsweise die Chance, ein großer Fußballer zu werden. Das kann er allerdings nur schaffen, wenn er dieses Talent trainiert, wodurch er bestimmte Fähigkeiten lernt und sich das notwendige Wissen, wie beispielsweise die Spielregeln und Automatismen eines Mannschaftsports, zulegt. Selbst wenn er noch so gut dribbeln und schießen kann, hilft das nichts, wenn er sich nicht auf sein Team einstellt und auf das Zusammenspiel konzentriert. Es ist also neben dem Talent auch die Bereitschaft wichtig, sich zu engagieren. Das heißt, erst durch das Erlernen, Anwenden und Üben werden Talente auch wirklich zu Stärken.

Welche Möglichkeiten habe ich nun, meine Stärken kennenzulernen? Es gibt zunächst eine ganz einfache Methode: die Selbstreflexion. Die eine oder andere Stärke wird Ihnen selbst einfallen, denn wir sammeln im Laufe unseres Lebens Erfahrungen, die uns zeigen, was wir gut können und wo wir uns schwerer tun. Stellen wir uns also die einfache Frage: Wofür haben wir immer viel Lob bekommen? Was macht uns besonders viel Spaß und geht uns leicht von der Hand?

REFLECTED BEST SELF (RBS)

Eine erprobte Methode, seine Stärken zu erforschen, ist das »Reflected Best Self«. Fragen Sie Freunde, Verwandte oder Kollegen, bei welchen Aufgaben Sie in ihren Augen zur Höchstform auflaufen beziehungsweise Ihr »bestes« Selbst zeigen. Sammeln Sie die Situationen, und schauen Sie, ob es Gemeinsamkeiten gibt oder bestimmte Wiederholungen. Notieren Sie sich die Stärken, die Sie dabei erkennen! Sie können sich weiterhin überlegen, wann und wie Sie diese Stärken in Zukunft einsetzen wollen.

Stärken sind messbar

Neben der Selbstreflexion und dem Befragen von Bekannten und Freunden gibt es eine Vielzahl von Persönlichkeitstests, die Aufschluss darüber geben, welche Stärken wir haben. Warum sind diese Tests interessant? Teilen sie die Menschen nicht in Kategorien ein?

Tests dieser Art bieten die Möglichkeit, etwas wenig Greifbares wie persönliche Stärken zu messen und zu benennen. Wissenschaftliche Verfahren können auf diese Weise untersuchen, welche Stärken wie trainiert werden können, und es werden gemeinsame Begrifflichkeiten für den Austausch untereinander gefunden.

Häufig werden im Rahmen der Tests jedoch gewisse Kategorien entwickelt, und es besteht leicht die Gefahr von Schubladendenken. Deswegen ist es mir wichtig, dass wir solche Tests lediglich als Impuls verstehen, über uns selbst nachzudenken und zu reflektieren. Bei allen Testverfahren sollten wir im Blick behalten, dass wir uns im Lauf der Zeit verändern, insbesondere nach einschneidenden Erlebnissen. Demgemäß kann durch das Wiederholen von Tests oft auch eine Entwicklung erkannt werden. Beispielsweise hat sich bei einem Testverfahren, das ich seit Jahren immer wieder regelmäßig durchführe, meine Stärke Dankbarkeit immer weiter nach vorne geschoben. Ich denke, das hängt mit meinen wachsenden Lebenserfahrungen zusammen, und ich freue mich sehr darüber.

Ein weiterer Punkt, den ich bei diesen Tests sehr hilfreich finde, ist die Tatsache, dass es kein Gut oder Schlecht gibt, kein Bestehen oder Durchfallen, sondern lediglich ein Angebot von Stärken/Typologien, ganz ohne jede Wertung.

Im beruflichen Kontext sind solche Verfahren sehr beliebt – möglicherweise hat der ein oder andere schon einmal ein solches Verfahren durchlaufen. Sie werden gern zur Personaldiagnostik und Personalentwicklung genutzt. Dabei kann unterschieden werden zwischen Testverfahren, die die Persönlichkeit typologisieren, und jenen, die sich wirklich nur auf die Stärken einer Person beziehen. Von Ersteren gibt es mittlerweile unüberschaubar viele. Der Myers Briggs Test, Insight oder DISG sind die bekanntesten Verfahren in diesem Bereich. Der DISG-Test arbeitet beispielsweise mit den Kategorien introvertiert oder extrovertiert und menschen- oder aufgabenorientiert. Dadurch entstehen Typologien anhand der vier Verhaltensweisen dominant, stetig, innovativ oder gewissenhaft, die alle miteinander kombiniert werden. So gibt es beispielsweise den DI-Typen (dominant, initiativ), der willensstark und ergebnisorientiert ist, aber auch begeisternd und optimistisch. Oder aber den SG (stetig, gewissenhaft), der präzise und systematisch ist, aber auch geduldig und ausgeglichen. Der Nachteil dieses Testverfahrens ist – wie oben angedeutet – die Gefahr, die Menschen in Schubladen zu packen. Und selbst eine Kombination von 20 Typologien ist meines Erachtens nicht genug, um die Vielzahl von Menschen zu beschreiben.

Daneben gibt es auch Persönlichkeitstests, die weniger starke Typologisierungen nutzen, wie beispielsweise der *Profiling Values Test*. Dieses Testverfahren wurde von Dr. Ulrich Vogel entwickelt und ermöglicht ein detailliertes Bild von sehr vielen unterschiedlichen Fähigkeiten, wie beispielsweise Durchsetzungsfähigkeit, Erfolgsorientierung oder strukturiertes Denken, also Fähigkeiten, die gerade hinsichtlich der beruflichen Tätigkeit von großer Bedeutung sind. Die Fähigkeiten werden dabei auf einer Skala von 0 bis 100 abgebildet. So ist ein individuelles und deutlich differenzierteres Bild möglich.[16] Die Ergebnisse werden dadurch generiert, dass der Teilnehmer verschiedene Aussagen in eine für ihn stimmige Reihenfolge bringen muss. Er muss also Bewertungen vornehmen.[17] Dadurch lassen sich sehr detaillierte individuelle Aussagen treffen, wobei die Ergebnisse von einem Experten interpretiert werden müssen.

Ein reiner Stärkentest, der ebenfalls viel in der Wirtschaft verwendet wird, ist der von Tom Rath 2007 für das Unternehmen Gallup entwickelte *Strength Finder.* Mithilfe von etwa 180 Fragen werden aus 34 Stärken die fünf wichtigsten Stärken einer Persönlichkeit herausgearbeitet. Dabei werden unter anderem Fragen gestellt wie: »Denken Sie zu 25 Prozent des Tages über die Zukunft nach oder zu 75 Prozent?« Das Ergebnis bezieht sich dabei ausschließlich auf den Arbeitskontext. Effektivität und Produktivität stehen hier im Vordergrund.

VIA-Charakterstärkentest

Ganz ähnlich ist ein weiteres Verfahren angelegt, der *Value In Action*-Test (kurz: VIA). Er hat den Vorteil, dass das Ergebnis ähnlich wie beim *Strength Finder* auf Anhieb leicht verständlich ist. Aber anders als bei dem Test von Tom Rath bezieht sich der VIA-Charakterstärkentest auf alle Lebensbereiche und nicht nur auf den beruflichen Kontext. Hier stehen mehr der Charakter, die Persönlichkeit im Vordergrund. Das Verfahren wurde von Martin Seligman und Christoph Peterson entwickelt und ist vor allem deswegen interessant, weil es im Detail durchaus komplexe Annahmen berücksichtigt. Die beiden Wissenschaftler gingen von der Annahme aus, dass Menschen, die ihre Stärken nutzen können, zufriedener mit ihrem Leben sind. Für die Auswahl der Stärken, die Seligman und Peterson in ihrem Testverfahren verwendeten, recherchierten sie die wichtigsten Tugenden, die von verschiedenen Philosophen und

Kulturkreisen als erstrebenswert angesehen werden. Sie gingen davon aus, dass Stärken dazu dienen, ein gutes Leben zu leben – und ein gutes Leben wird wiederum in der Philosophie mit verschiedenen Tugenden verbunden. Sie definierten letztendlich die sechs wichtigsten Kerntugenden: Mut, Menschlichkeit, Gerechtigkeit, Mäßigung und Transzendenz sowie Weisheit in Verbindung mit Wissen. Die 24 Charakterstärken, die Seligman und Peterson definierten, werden dann als Instrumente verstanden, mit denen die sechs Tugenden umgesetzt werden können. So wird zum Beispiel Menschlichkeit über Beziehungsfähigkeit, Freundlichkeit und soziale Intelligenz erlernt oder aber Mut durch Ehrlichkeit, Tapferkeit und Durchhaltevermögen weiterentwickelt. Bei dem Ergebnis dieses Testverfahrens werden alle 24 Charakterstärken aufgeführt. Die ersten fünf Stärken werden als Signaturstärken einer Persönlichkeit bezeichnet. Im Anhang auf Seite 220 finden Sie alle Informationen und Einzelheiten zu diesem Testverfahren, das ich ebenfalls in meinen Coachings einsetze, und auch eine Erläuterung zu einer Analyse der Ergebnisse. Die Verteilung der Stärken ist übrigens nach Geschlechtern unterschiedlich. Zwar stehen Authentizität und Dankbarkeit bei Männern und Frauen auf Platz 1 und 4. Die Frauen verzeichnen allerdings Freundlichkeit, Beziehungsfähigkeit und Fairness überwiegend als Stärken, während bei Männern Hoffnung, Humor und Neugier überwiegen. Das ist insofern beruhigend, als dass Frauen als eines der wichtigsten Kriterien für ihre Partnerwahl Humor angeben. Die Stärken jedoch, die am seltensten vorkommen – sowohl bei Männern als auch bei Frauen –, sind Vorsicht, Bescheidenheit und Selbstregulation.[18]

Zu erkennen oder zu erarbeiten, was die eigenen Stärken sind, ist der erste Schritt. Noch wichtiger aber ist es, die Stärken im

Alltag dann auch wirklich zu nutzen. Erst in der Umsetzung entwickeln die erkannten Stärken ihr wahres Potenzial und unterstützen uns in unserer persönlichen Weiterentwicklung.

Ein Einstieg zur Nutzung unserer Stärken wäre die Fragestellung: Welche Erfahrungen haben wir mit unseren Stärken bisher gemacht? Wir können prüfen, welche Rolle diese Stärken bisher in unserem Leben eingenommen haben. Wenn wir an vergangene Erfolge oder auch Niederlagen denken, an unsere Beziehungen oder unseren beruflichen Kontext: Welche Stärke hat uns wann geholfen?

STÄRKEN IDENTIFIZIEREN

Überprüfen Sie zunächst, ob sich Ihre Signaturstärken wirklich für Sie als wichtig und essenziell anfühlen. Ist es für Sie so, dass Sie sich – wenn Sie diese Stärken nutzen – eher kraftvoll fühlen als erschöpft? Fällt es Ihnen leicht, diese Stärken zu nutzen? Und überlegen Sie, für welche besonderen Erlebnisse aus Ihrem Leben Sie diese Stärken bisher nutzen konnten. Das können sowohl Erfolge sein als auch Krisen, aus denen Sie dank Ihrer Stärke wieder herausgefunden haben.

Möglicherweise kommt uns an diesem Punkt die Erkenntnis, dass wir nicht jede Stärke gleich intensiv nutzen. Die eine ist sehr präsent, die andere vielleicht noch nicht so ausgeprägt. Das ist total normal und hat absolut seine Berechtigung. Denn wir können und sollen nicht ständig alle Stärken einsetzen. Es geht bei der Umsetzung der Stärken nicht darum, jede so intensiv wie möglich zu nutzen. Das könnte leicht dazu führen, dass wir es übertreiben; dass wir zu viel wollen und sich der Effekt ins Gegenteilige kehrt. Beispielsweise der fürsorgliche »Helfertyp« kann meistens seine Freundlichkeit und Hilfsbereitschaft als Stärke erkennen. Doch wenn er ständig allen und jedem helfen will, kann das sowohl für ihn als auch für sein Umfeld zu einem Problem werden. Ob eine Stärke zu viel oder zu wenig genutzt wird, ist also bei jedem Einzelnen unterschiedlich. Was der eine noch unter hilfsbereit versteht, findet der andere vielleicht schon aufdringlich, und was der eine als Interesse wahrnimmt, empfindet der andere als übertriebene Neugierde. Deshalb ist es wichtig, sich immer wieder aufmerksam zu beobachten und sich ruhig mal von dem ein oder anderen Familienmitglied, Freund oder Kollegen eine Rückmeldung zu holen, wie unsere Stärken wahrgenommen werden. Sollten wir feststellen, dass wir eine Stärke über die Maßen gebrauchen, dann ist es hilfreich zu schauen, wie wir mithilfe anderer Stärken hier einen Ausgleich erzielen können.

Das Ziel ist es, die sogenannten Signaturstärken – also die Top Five unserer Stärkenliste – regelmäßig zu nutzen und in den Alltag zu integrieren. Bei wissenschaftlichen Vergleichen stellte sich heraus, dass das tägliche Variieren und Nutzen von den Signaturstärken neben dem Dankbarkeitstagebuch die erfolgversprechendste Übung ist, um das eigene Wohlbefinden nachhaltig zu verbessern.[19] Manche Stärken lassen sich verhältnismäßig leicht in unserem Alltag aktiv trainieren, beispielsweise die Bindungsfähigkeit. Zählt sie zu unseren Signaturstärken, dann können wir einen Tag lang kleine Nachrichten für unsere Mitmenschen hinterlassen, zum Beispiel ein Post-it für einen Kollegen oder einen kleinen Gruß für den Partner an der Windschutzscheibe oder auf dem Küchentisch, und dabei beobachten, wie wir uns fühlen.

Bei anderen Stärken fällt uns vielleicht nicht sofort ein, wie wir sie anwenden und trainieren können, wie zum Beispiel beim

Führungsvermögen. Wie sollen wir das leben, wenn wir beruflich gar keine Führungsaufgabe haben? Diese Stärke bezieht sich allerdings gar nicht ausschließlich auf das Berufsleben, sondern lässt sich auf viele verschiedene Arten nutzen: sei es die Organisation des Vereinsfests oder der Geburtstag von einem Freund, seien es die gemeinschaftliche Reise einer Clique, der Wochenendtrip mit dem Partner oder die Familienfeier. Es geht darum, das Heft einmal in die Hand zu nehmen, beruflich oder privat Initiative zu zeigen – und mit mehreren Menschen das Vorhaben zu einem guten Abschluss zu bringen. Dass das mehr Führungsvermögen erfordert, als man beim ersten Lesen denkt, weiß jeder, der schon mal für zehn Freunde ein Ferienhaus gebucht hat – und dabei alle sich widersprechenden Wünsche der Reisenden versucht hat zu berücksichtigen.

Gerade im beruflichen Kontext ist es wichtig, Aufgaben so zu gestalten, dass sie zu uns passen. Denn nur dann sind wir motiviert, engagiert und effizient. Stärken einzusetzen ist ein besonders guter Weg, um zu erkennen, was wir gerne verändern würden. Dieser Prozess wird mit »Job Crafting« beschrieben – was nichts anderes bedeutet, als sich seinen Job so zu schmieden, zu schleifen oder umzubauen, dass er unseren Fähigkeiten und Stärken am ehesten entspricht.[20] Dabei gibt es drei unterschiedliche Ebenen. Die erste ist die Beziehungsebene. Hier geht es um die Frage: »Mit welchen Menschen arbeite ich zusammen?« oder »Was für Beziehungen habe ich zu meinen Kollegen?« Die zweite Ebene ist die Tätigkeitsebene. Diese beinhaltet die Aufgabengestaltung, also die Frage: »Kann ich meine Tätigkeit so erweitern oder umgestalten, dass ich meine Stärken besser nutzen kann?« Und die letzte Ebene ist die Einstellungsebene, also die Frage: »Was bewirkt meine Arbeit?« oder »Welchen Zweck verfolge ich mit meiner Arbeit?«

Auf der Einstellungsebene ist es hilfreich, sich bewusst zu machen, welche Auswirkungen unsere Handlungen haben und welcher Sinn hinter unserer Arbeit steht. Dazu müssen wir keinen Job haben wie Mutter Teresa. Die Frage, ab wann ein Beruf »sinnvoll« ist, hat nichts damit zu tun, wie sozial oder nachhaltig er ist. Es geht um die Freude am offensichtlichen Nutzen. Die hat auch der Busfahrer am Flughafen, der tagtäglich dafür sorgt, dass Tausende Reisende pünktlich ihren Flug erreichen. Oder der Museumswärter, der dafür sorgt, dass die wertvollen Kunstwerke nicht beschädigt werden.

Häufig höre ich den Einwand, dass es Menschen gibt, die ethisch fragwürdige Berufe ausüben, und ob diese Menschen auch einen Sinn in ihrer Arbeit finden. Nun, ich denke, dass jeder Mensch für sich gewisse Kriterien hat. Niemand wird in Deutschland heute gezwungen, für ein Rüstungsunternehmen zu arbeiten oder in einer Legefabrik. Diese Menschen haben andere Prioritäten. Sie finden die Arbeit möglicherweise moralisch nicht so ganz richtig, aber sie finden sie auch nicht so schlimm, dass sie darauf verzichten wollten. Vermutlich haben sie andere Kriterien und damit einen guten Grund, das zu tun, was immer sie tun. Es liegt bei jedem Einzelnen in seinem persönlichen Ermessensspielraum, welche Prioritäten er setzt.

Meine persönlichen Signaturstärken sind unter anderem »Bindungsfähigkeit«, »Teamwork« und »Freundlichkeit«. Das bedeutet, dass ich drei Signaturstärken im sozialen Bereich habe. Was mich trotzdem einmal in eine veritable Berufskrise stürzen ließ. Ich arbeitete eine Zeit lang eher als lonesome cowboy oder vielleicht besser als lonesome cowgirl. Ich saß allein in meinem Büro und reiste allein von Unternehmen zu Unternehmen, um dort als Einzelkämpfer aufzutreten und Coachings zu organisieren. Als ich mir meiner Stärken bewusst wurde, suchte ich mir ein Gemeinschaftsbüro mit Gleichgesinnten – und Projekte, die wir im Team erarbeiten und durchführen konnten. Es hilft also häufig bereits, die Rahmenbedingungen zu ändern, bevor man sein eigenes Verhalten komplett infrage stellt. Seitdem ich in einem Büro arbeite, in dem ich beim Kaffeemachen mit einem Kollegen reden kann, macht mir meine Arbeit einfach viel mehr Spaß.

Wenn Sie beispielsweise »Teamwork« als Signaturstärke ausmachen und diese gerne in Ihrem Tätigkeitsgebiet mehr zum Ausdruck bringen möchten, dann könnten Sie damit beginnen, die Stärken, die Sie bei anderen Teammitgliedern wahrnehmen, zu kommunizieren. Oder überlegen, wie das gesamte Team besser werden kann, indem die Stärken der anderen genutzt werden. Wenn die Signaturstärke »Neugier« eingebracht werden soll, könnten Sie sich bereit erklären, immer mal wieder im Internet zu stöbern, was denn die Konkurrenz so macht.

Es gibt unzählige Möglichkeiten, die unterschiedlichsten Stärken im (Berufs-)Alltag anzuwenden.

UMSETZUNG VON STÄRKEN

Schreiben Sie Ihre Signaturstärken auf ein Blatt Papier, und erstellen Sie eine Tabelle mit drei für Sie wichtigen Lebensbereichen. Überlegen Sie jetzt für jede einzelne Signaturstärke Ideen, wie Sie diese in den von Ihnen gewählten Lebensbereichen umsetzen können (auf der folgenden Tabelle finden sie ein paar Beispiele). Vielleicht bekommen Sie so einige Anregungen, wie Sie Ideen in die Realität umsetzen könnten. Überlegen Sie sich auch für eine Ihrer Signatur- und Charakterstärken, die weiter hinten auf der Liste stehen, Möglichkeiten, diese in der kommenden Woche einzusetzen.

Tabelle zur Übertragung der Signaturstärken auf meinen Alltag

Stärken	Beruf	Familie	Hobby
Sinn für das Schöne	Gestalten von Ruheplätzen	Für eine schöne Deko sorgen	Malen, Foto
Neugier	Neue Möglichkeiten der Infogewinnung suchen	Mehr über Familienmitglieder erfahren	Neue Bereiche erforschen, die auch zu dem Hobby gehören
Dankbarkeit	Kollegen Dankbarkeit signalisieren durch eine kleine Aufmerksamkeit	Einen Dankesbrief schreiben, in dem wir konkret erwähnen, für was wir dankbar sind	Wenn Ihnen jemand das Hobby vermittelt hat, dieser Person mitteilen, was es Ihnen heute bedeutet
Führungsfähigkeit	Sorgen Sie dafür, dass jemand zu Wort kommt, der sonst leicht überhört wird	Organisieren Sie ein Treffen aller, die Ihnen am Herzen liegen	Gründen Sie eine Mannschaft/eine Band/ein Team, und üben/trainieren Sie gemeinsam
Humor	Versuchen Sie eine Sitzung ein wenig aufzulockern	Spielen Sie mit Kindern, und genießen Sie die Leichtigkeit	Gehen Sie Ihr Hobby spielerisch an – was ist lustig daran?

FEIER DICH, ES GIBT GENÜGEND GRÜNDE! – WAHRNEHMEN, WAS WIR KÖNNEN, MACHT UNS ZUFRIEDEN

Stärken zu nutzen, ist mit ein wenig Aufmerksamkeit sich selbst gegenüber ein Vorhaben, das wir bewältigen können. Vor allem macht es uns richtig viel Spaß, auf unsere Stärken zurückzugreifen. Warum ist das so?

Die Erklärung ist recht einfach: Wer vor allem seine Stärken einsetzt, erhöht die Wahrscheinlichkeit, Erfolg zu haben. Und Erfolg ist etwas, wonach wir uns alle sehnen. Wir wollen gern etwas erreichen. Die einen wollen es um der Anerkennung wegen, die anderen wegen der persönlichen Entwicklung, und wieder andere reizt es, eigene Grenzen zu erforschen. Aber was ist Erfolg genau? Warum können wir ohne Erfolg auf Dauer nicht leben?

Frage ich Unternehmer, was sie unter Erfolg verstehen, kommt häufig die Antwort: »Wenn das Geschäft läuft.« Werden Entwickler gefragt, was sie unter Erfolg verstehen, dann heißt es: »Wenn ich eine neue Produktidee hatte, die sich umsetzen ließ.« Im Privaten wird Erfolg anders definiert: Er reicht von einem gelaufenen Marathon bis hin zu einer gelungenen Essenseinladung. Das bedeutet, Erfolg wird von jedem Individuum sehr unterschiedlich interpretiert. Dadurch, dass ich definiere, wo ich stehe und wo genau ich hinwill, kann ich erfolgreich sein.

Immer wieder ist zu lesen, dass Männer aufgrund des Testosterons mehr Erfolg haben, da dieses Hormon angeblich beim Alphatier besonders stark vorhanden ist. Vor Kurzem hat ein Forscherteam bei bolivianischen Ureinwohnern festgestellt: Der Testosteronspiegel bei den Männern war immer dann erhöht, wenn sie mit Beute nach Hause kamen. Aber ob es ein Hirsch war oder ein Eichhörnchen, war für den Testosteronspiegel völlig irrelevant. Es war sogar egal, ob sie selbst das Tier erlegt oder bei der Jagd nur mitgeholfen hatten. Entscheidend war: Die Jäger hatten »erfolgreich« gejagt und konnten so ihre Familie ernähren. Diese Untersuchung entkräftet die weitverbreitete Meinung, Männer seien Einzelkämpfer und hätten nur den Erfolg im Sinn. Vielmehr ist auch der Mann sehr gemeinschaftlich orientiert, und das »Jagdhormon« Testosteron, das übrigens auch die Frauen haben, unterstützt ihn dabei, die Gemeinschaft zu versorgen. Was also ist es, das uns zum Erfolg motiviert?

Selbstwirksamkeit

Erfolg bedeutet, wahrnehmen zu können, dass unser Handeln Auswirkungen hat. Wir nehmen wahr, dass es einen Unterschied macht, ob ich etwas tue oder ob ich es sein lasse. Wir engagieren uns, um ein bestimmtes Ziel zu erreichen, und freuen uns darüber, dass wir etwas beeinflussen können. Diese Wirkung wurde in der Wissenschaft Selbstwirksamkeit genannt.[21] Sie trägt wesentlich zu einem guten Selbstvertrauen, einem positiven Selbstbild und damit zu einem klaren und guten Gefühl für sich selbst bei. Noch stärker entwickelt sich das Gefühl, wenn die Wirksamkeit in einer Gemeinschaft wahrgenommen wird. Die Tausenden von Fluthelfern, die 2013 in Dresden durch harte Arbeit, durch gemeinschaftliches Anhäufen von Zehntausenden Sandsäcken eine noch schlimmere Katastrophe verhinderten, arbeiteten bis zur völligen Erschöpfung und waren doch stets motiviert und engagiert bei der Sache. Die Gruppendynamik half dabei, die Motivation und das Engagement aufrechtzuerhalten. Da es bei dem Konzept der Selbstwirksamkeit immer auch um wahrgenommene Kompetenzen hinsichtlich schwieriger und neuer Anforderungen geht, stärkt es unsere Zuversicht, problematische Situationen zu meistern.

Vom Umgang mit Misserfolg

Doch nicht immer will uns ein Vorhaben gelingen. Immer wieder müssen wir Niederlagen einstecken – und wenn die Niederlage auch nur darin besteht, dass wir ein gewünschtes Ziel verfehlen. Das lässt sich nicht vermeiden. Dieses »Scheitern« kann die unterschiedlichsten Ursachen haben. Gern finden wir Gründe für unseren Ärger, die selten mit uns zu tun haben. Wir hatten zu wenig Zeit, wir sind nicht ausreichend informiert worden, wir hatten noch andere wichtige Dinge zu erledigen. Häufig schieben wir die Ursache – da unangenehm – von uns weg. Oder wir warten, bis wir die Aufgabe gar nicht mehr schaffen können. Getreu dem Motto: »Ich habe so lange ein Motivationsproblem, bis ich ein Zeitproblem habe.« Und im Anschluss schieben wir dann die Verantwortung für den Misserfolg mal leise, mal lauthals auf den Kollegen. Denn Misserfolg tut unserem Selbstbild gar nicht gut.

Doch wir alle machen tagtäglich und immer wieder Fehler, und manche davon führen auch zu Misserfolgen. Das liegt in der Natur des Menschen. Dafür gibt es sowohl biologische als auch verhaltenspsychologische Erklärungen. Da wir ständig gezwungen sind, aus einer Vielzahl von Informationen auszuwählen und Entscheidungen schnell zu treffen, ohne erst alle vorhandenen Informationen verarbeiten zu können, arbeitet unser Gehirn heuristisch. Es wählt in möglichst kurzer Zeit die als optimal erscheinende Variante aus, ohne wirklich zu wissen, was die beste Lösung wäre. Dabei nehmen wir in Kauf, dass wir regelmäßig falsche Entscheidungen treffen. Ein Drama? Überhaupt nicht! Vor allem ist es genau diese Vorgehensweise, die uns auf lange Sicht kreativ und effektiv werden lässt.

Gesellschaftlich sind Misserfolg und Fehler so negativ besetzt, dass wir große Angst oder zumindest Sorge haben, uns zu blamieren.

Hatten wir mehrere Misserfolge hintereinander (und jeder von uns hat schon mal solch eine Phase erlebt), dann fühlen wir uns passiv, unmotiviert und denken, wir hätten keinen Einfluss auf die Dinge. Wir geben innerlich auf. Der Gedanke »Es ist doch eh egal, was wir machen!« führt zu Kraft- und Energielosigkeit, unsere Freude und Zufriedenheit sinken. Pessimisten sagen deshalb gern auch vorher schon, dass etwas nicht funktionieren wird, damit sie später nicht enttäuscht sind. Erfolg lässt sich damit allerdings nur bedingt erreichen. Vielmehr sind gerade diejenigen erfolgreich, die trotz dieser Bedenken weitermachen und sagen: Eine kleine Chance gibt es noch. Lasst es uns probieren!

Der Dalai Lama sagte einmal: »Falls du glaubst, dass du zu klein bist, um etwas zu bewirken, dann versuche mal zu schlafen, wenn eine Mücke im Raum ist.« In solch einem Fall wird uns schnell bewusst, dass selbst ein kleines, unscheinbares Wesen Großes vollbringen kann, nämlich einem Gegner, der ungefähr hunderttausend Mal so mächtig ist, den Schlaf zu rauben. Möglicherweise ist uns die potenzielle Kraft unserer Wirksamkeit nicht immer voll bewusst.

Und selbst wenn es uns gar nicht gelingt, das Blatt zum Guten zu wenden, dann hilft es, sich zu überlegen, welche Werte hinter einem Ziel stehen. Möglicherweise lässt sich der gleiche Wert, den wir mit dem Ziel erreichen wollten, mit einem anderen Ziel angemessener befriedigen. Vor einigen Jahren hatte ich den Wunsch, endlich ein wenig mehr zu gärtnern (das war auch damals schon ein großer Trend für mehr oder weniger gestresste Großstädter). Also mietete ich eine Parzelle in einer Gemüsegartengemeinschaft und pflanzte, so gut ich konnte – Tomaten, Bohnen, Sommerblumen. Ein kleines Gartenparadies. Das Problem war nur: Die Parzelle war eigentlich viel zu groß für mich. Immer wenn ich an einem Ende mit Unkrautzupfen fertig war, begann es bereits wieder am anderen Ende zu wachsen. Entsprechend mager fiel mein Ertrag aus. Ich war erst frustriert, dann traurig, dass ich offensichtlich keinen grünen Daumen hatte und nicht mal in der Lage war, ein paar Tomaten zu pflanzen. Ich gab die Parzelle wieder auf. Zwei Jahre später kam ich auf die Idee, eine kleine Ecke auf meinem Dach zu begrünen. Nun gibt es zwar nur eine kleine Portion Gemüse jeden Sommer, aber ich kann meine Freude am Gärtnern genießen. So habe ich meinen Wunsch, etwas zu pflanzen, auf das Maß reduziert, das zu mir passt.

ZIELE, DIE ZU UNS PASSEN

Hatten Sie in letzter Zeit ein Projekt, das nicht geklappt hat? Hängt Ihnen noch ein Misserfolg hinterher, oder ärgern Sie sich darüber, dass Sie etwas nicht erreicht haben?

Nehmen Sie sich die Zeit und überlegen Sie, welche Werte für Sie mit diesem Ziel verbunden waren. Was hat Ihnen dieses Projekt bedeutet? Gibt es möglicherweise eine Alternative, wie Sie dieses Ziel besser auf sich abstimmen können, sodass es möglicherweise angemessener ist und erreichbar? Es geht dabei um das richtige Maß von Herausforderung und Fähigkeiten – ganz wie beim Flow.

Aber glauben Sie mir: Mein innerer Kritiker hat lange mit mir geschimpft. Eigentlich jedes Mal, wenn ich im Sommer vor dem Gemüseregal im Supermarkt stand und viel zu teure Gewächshaustomaten aus Holland einkaufen musste. Die Stimme machte mir Vorwürfe, dass ich einfach nicht praktisch veranlagt sei, dass ich viel zu schnell aufgeben würde, wenn etwas nicht sofort klappt, und so weiter und so fort.

Dieser innere Kritiker hätte am liebsten alles perfekt. Dabei redet er uns gern unsere Fähigkeiten klein. Er lässt uns glauben, dass wir gar nicht so viel bewirken können. Wir kennen die Stimme alle gut: »Das war noch nicht wirklich gut, es hätte besser sein können!« – »Na gut, zehn Kilometer zu laufen ist nicht schlecht, aber die Zeit hätte besser sein können!«, oder: »Gut, die Prüfung habe ich geschafft, aber eigentlich war sie gar nicht so schwer. Und der Prüfer war viel zu nett mit mir.«

Wir relativieren unsere Leistungen schnell oder hetzen weiter zur nächsten Aufgabe, ohne wirklich wahrzunehmen, was wir erreicht oder geschafft haben. Darunter leidet unser Gefühl der Selbstwirksamkeit – und die Auswirkungen kennen Sie alle selbst: Zweifel, Unsicherheit und Druck. Wir reden es so klein, dass ein Erfolg schon fast wie ein Misserfolg wirkt.

Wenn wir doch aber etwas schaffen, was uns eigentlich schwerfällt, hätten wir Grund, stolz auf uns zu sein. Wenn wir schon seit Tagen Magenschmerzen haben, weil ein kritisches Meeting ansteht, und es uns dann gelingt, gut zu performen. Wenn wir eine sportliche Leistung vollbracht haben, die wir uns zuvor nicht zugetraut hätten, oder wir jemandem helfen konnten, der meinte, ein schwieriges Problem zu haben – all das sind Gründe, sich zu freuen und seine Leistung anerkennend wahrzunehmen. Häufig aber treibt uns der Strudel des Alltags gleich in die nächste Situation. Wir übergehen die Momente des Erfolgs. Da kann es dann passieren, dass wir am Ende des Tages gar nicht mehr wissen, was wir alles geschafft haben, und die gute, stärkende Energie der Erfolgserlebnisse bloß verpufft.

Lass es krachen!

Die gute Nachricht ist: Wir können lernen, unsere Wirksamkeit besser wahrzunehmen. Wir können üben, uns mehr auf die Erfolge zu konzentrieren. Mit der Zeit entwickeln wir dadurch ein positiveres Selbstbild und mehr Selbstvertrauen und hören vielleicht bald schon eine andere Stimme in uns. Eine, die uns motiviert und sagt: »Komm, das packst du!« Es wäre schön, wenn wir diesem Persönlichkeitsteil mehr Raum geben könnten.

ERFOLGSTAGEBUCH:
Legen Sie ein Buch, einen Ordner oder Ähnliches an, und sammeln Sie Ihre Erfolgsgeschichten. Das können Zeugnisse sein, Briefe und E-Mails, Fotos oder selbst gemalte Bilder, die für Sie Erfolg symbolisieren. Wenn Sie über diese Ereignisse nachdenken, wie geht es Ihnen dann? Was spüren Sie? Wie würden Sie das Gefühl beschreiben?

Auch die Art und Weise, wie wir über unsere Erfolge reden, kann uns helfen, diese besser wahrzunehmen.[22] Angenommen, wir treffen einen Bekannten in einem Café. Die Person erzählt von ihrer Beförderung. Dann können wir auf verschiedene Arten antworten. Erstens: »Wieso denn du, bist du denn für den Job überhaupt geeignet?« oder: »Ernsthaft? Welches Essen ist noch mal so gut hier?« Beides sind Varianten, die nicht sehr unterstützend wirken. Wir können aber auch mit einem kurzen »Freut mich!« antworten und dann das Thema wechseln. Dann wären wir zumindest nicht destruktiv – der Freund hätte mit Sicherheit aber immer noch das Gefühl, dass die Beförderung nichts Besonderes ist. Würden wir hingegen antworten: »Das freut mich ja riesig für dich. Wann hast du davon erfahren? Wer hat dir denn die Botschaft übermittelt? Erzähl mir mehr!«, dann hat die Person die Möglichkeit, den Erfolg zu beschreiben, ihn noch mal zu erleben und es zu genießen, davon reden zu dürfen.

Möglicherweise denken Sie nun: Ist ja klar, wer kommuniziert denn nicht so? Ich muss leider sagen: viele. Viel zu viele. Selbst mir passiert es häufig, dass ich gerade ganz eingetaucht bin in eine Aufgabe und mir dann ein kurzes, trockenes »Ach, wie schön!« entweicht, wenn jemand etwas Wichtiges erzählt. Weil ich schlicht nicht merke, dass es dem anderen guttun würde zu reden. Diese Bereitschaft entwickeln wir erfahrungsgemäß erst, wenn jemand mit einem ernsthaften Problem kommt. Dabei hat diese unterstützende Art der Kommunikation gleich zwei Vorteile. Zum einen erlebt derjenige, der den positiven Moment hatte, die positive Situation noch einmal und wird dadurch gestärkt. Zum anderen kann der Zuhörer auf diese Weise viel über die Stärken und Qualitäten seines Gegenübers erfahren.

Über seine Erfolge zu reden, tut uns allen gut. Es schafft positive Erinnerungen und gibt uns das Gefühl, etwas bewirkt zu haben. Durch das Erzählen zelebrieren wir unseren Erfolg noch mal ein wenig. Es muss ja nicht gleich so sein wie bei manchen Zeitgenossen, die den ganzen Tag davon reden, wie toll sie sind. Die finde ich persönlich eher anstrengend. Aber deswegen gleich alles unter den Teppich kehren? Nein.

Warum ist es so wichtig, dass wir unsere Erfolge feiern? Es stärkt das Gefühl der Selbstwirksamkeit. Wir realisieren dadurch, welchen Wirkungsgrad wir haben. Und es ist ein schöner Anlass für Heiterkeit und Genuss. Das hedonistische Glück, also das Glück, das durch Lust und Vergnügen entsteht, ist genauso wichtig für die Gesundheit der menschlichen Psyche wie das eudaimonische (Glück aus der Zufriedenheit mit dem Leben). Das mag vielleicht etwas seltsam anmuten, wo es doch immer heißt, dass wir heute nur noch an unser Vergnügen denken. Ich wundere mich nur, warum dann so wenig Menschen zum Lachen zumute ist. Der erwachsene Deutsche lacht im Schnitt nur 15-mal am Tag, im Gegensatz zu Kindern, die 400-mal lachen. Ich denke, wir sollten den Kleinen da was abschauen. Lachen ist enorm wichtig. Es stärkt das Immunsystem, wirkt entzündungshemmend, steigert die Schmerztoleranz, senkt den Stresslevel und vermindert die Depressionswerte. Dies nur mal so für alle, die meinen, lachen sei albern. Ich weiß nicht, wann Sie das letzte Mal einen Lachkrampf hatten, aber ich kann mich sehr wohl an meinen erinnern. Und ich weiß, dass danach alle Sorgen und aller Ärger wie weggepustet waren. Nicht weil sie tatsächlich verschwunden waren, sondern nur, weil ich mich durch das Lachen so entspannt hatte (im Gegensatz zu meinen Bauchmuskeln), dass mir alles andere nicht mehr so schwer erschien.

Erfolg ist ein herrlicher Anlass, wieder häufiger an das Lachen zu denken und sich bewusst zu machen, dass es genügend

Gelegenheiten dafür gibt. Also suchen Sie nach Gründen zum Lachen, und tun Sie es, wo auch immer Sie Lust und Zeit dazu haben! Wenn ich mit Freundinnen in einem Café sitze und laut lache, dann fällt das immer noch auf. Es widerspricht dem geistigen Tiefsinn ebenso, wie es sich nicht gehört, zu emotional zu sein. Ich wünsche mir, dass das ganz normal wird. Lachen Sie ruhig – und sollte Sie jemand komisch anschauen, können Sie ja auf die Ergebnisse der Lachforschung verweisen und sagen, Sie täten das aus therapeutischen Gründen.

Humor ist eine der wichtigsten Eigenschaften von zufriedenen und resilienten Menschen. Menschen, die extrem ehrgeizig sind, fällt es häufig recht schwer, über sich zu lachen. Sie bekommen einen Tunnelblick und verlieren alles andere aus den Augen. Immer wieder begegnen mir Menschen mit diesem Tunnelblick. Er macht uns blind für die Erfolge, die wir bereits geschafft haben. Und dadurch werden wir angetrieben, mehr Erfolge zu erzielen, und es beginnt eine Spirale, die häufig im Burn-out endet. Wie wunderbar, wenn diese Menschen wieder anfangen können zu lachen, die Dinge leicht zu sehen und den Erfolg realistisch einzuschätzen. Untersuchungen haben gezeigt, dass Menschen, die 80 Prozent anstreben, meistens mehr erreichen als jene, die 100 Prozent erreichen wollen. Denn die Anstrengung für die letzten 20 Prozent ist so enorm hoch, dass vieles andere aus dem Blickfeld gerät. Lachen ist da eine wunderbare Möglichkeit, den Druck rauszunehmen und Stress abzubauen.

DAS IST JA ZUM LACHEN

Was bringt Sie zum Lachen? Vielleicht haben Sie einen Lieblingskomiker oder ein Buch, das Sie lustig finden? Gibt es Menschen in Ihrer Umgebung, mit denen Sie mehr lachen? Erforschen Sie, was Sie in der Vergangenheit zum Lachen gebracht hat. Sammeln Sie Dinge, über die Sie oder wegen denen Sie gern lachen. Erlauben Sie sich, auch mal albern zu sein – es entspannt ungemein. Nutzen Sie diese Sammlung, indem Sie sich immer wieder zum Lachen bringen!

Ähnlich wie mit dem Lachen ist es auch mit dem Genießen. Wir brauchen den Genuss, um uns zu spüren. 81 Prozent der Deutschen glauben laut einer Umfrage, dass Genuss erst dann erlaubt ist, wenn eine Leistung vollbracht wurde. Das ist eine sehr strenge Haltung. Wir sollten auch kleine Erfolge dazu nutzen, wieder mehr zu genießen. Denn in der gleichen Umfrage gaben ebenfalls 91 Prozent der Deutschen an, dass Genuss das Leben erst lebenswert mache. Klingt widersprüchlich? Ist es auch. Wann haben Sie denn das letzte Mal etwas richtig genossen?

Im Zuge unserer Leistungsgesellschaft und mit dem Wunsch, alles richtig zu machen, haben wir es scheinbar verlernt, uns die Zeit zu nehmen und etwas zu gönnen, wenn wir etwas geschafft haben. Und ich meine jetzt nicht einen teuren Urlaub oder die neueste Prada-Tasche. Ich meine den Genuss, den wir auch bei Kindern beobachten können, wenn sie ein Eis schlecken. Ich meine den Moment, in dem man für ein paar Sekunden alles um sich herum vergisst und schlicht und ergreifend nur bei sich ist. Und sei es bei einer kurzen Kaffeepause, die man sich sonst nicht gönnt.

Diese Art von kleinen sinnlichen Erfahrungen ist für unser

Wohlbefinden und für unsere Gesundheit wichtig. Wer viel leistet, steht unter Anspannung. Folglich müssen wir auch einen Gegenpol schaffen und uns irgendwo entspannen. Und Genuss entspannt. Das zeigen auch die wenigen Studien, die es zum Thema »euthymes Verhalten« gibt (das bedeutet in etwa: Verhalten, das der Seele guttut). Auch in der modernen therapeutischen Behandlung von Suchtkranken und Depressiven stellt das Lernen des Genusses eine Möglichkeit dar, den Patienten wieder in den Alltag zu helfen.

Und was bedeutet Genuss für Sie?

Für mich ist Genuss: ein leckeres Essen, ein großer Tisch mit Menschen, die man mag, eine Nacht mit toller Musik und Tanz und manchmal einfach nur eine heiße Tasse Kaffee. Übrigens wurde festgestellt, dass Menschen mit einer Tasse Kaffee in der Hand ihren Mitmenschen gegenüber positiver eingestellt sind. Vielleicht motiviert Sie das, anderen öfters mal eine Tasse Kaffee mitzubringen (geht natürlich auch mit Tee). Dann tun Sie möglicherweise sich und Ihrem Gegenüber einen Gefallen. Warum also nicht mal einen Moment relaxen und es sich gut gehen lassen?

Es gibt ein wunderbares Buch von dem eher unkonventionellen und sehr erfrischenden Lama Marut mit dem Titel »Be Nobody«. Er erläutert in sehr zugänglicher Sprache, wann wir uns seiner Ansicht nach am allerwohlsten fühlen, nämlich in den Momenten, in denen wir uns selbst vergessen, also wenn wir einen guten Film sehen, eine besondere Musik hören oder Sex haben. Der Moment, in dem unsere inneren Stimmen beziehungsweise Persönlichkeitsteile mal Ruhe geben und wir einfach gerade präsent sind in dem, was wir tun. Geradeso wie Kinder, die spielen und dabei gar nicht recht wissen, was um sie herum geschieht. Genuss erzeugt solche Momente.

Erfolg und Genuss zu kombinieren, ist eine wunderbare Art, sich zu verwöhnen und neue Kraft zu schenken. Also suchen Sie aktiv nach Erfolgserlebnissen, und feiern Sie diese! Denn eines dürfen wir dabei auch nicht vergessen: Erfolg zieht Erfolg an.

FEIER DICH – GENUSSIDEEN

Womit verbinden Sie Genuss? Ein schönes Glas Wein zu einem leckeren Essen oder lieber ein gutes Theaterstück oder eine schöne Ausstellung? Oder eine Feier mit Freunden? Wann genießen Sie? Auch ein herzliches Lachen kann ein Genuss sein. Halten Sie ein paar Dinge fest, die Ihnen Spaß machen, bei denen Sie sich vergessen können, und gönnen Sie sich davon das ein oder andere, wenn Sie das Gefühl haben, es verdient zu haben – oder vielleicht auch einfach nur mal so, zwischendurch, ganz ohne Anlass?

DAS MACHT SINN – WER WEISS, WARUM ER ETWAS MACHT, MACHT ES BESSER!

Dieses Kapitel könnte wunderbar mit Sokrates und Epikur anfangen, mit ausufernden philosophischen Erläuterungen über den Sinn und Zweck des Lebens.[23] Es könnte von Nihilismus und Religionslehren und von Nietzsche und Luhmann erzählen. Meinungen über den Sinn des Lebens gibt es so viele, wie Menschen auf der Erde leben. Ich erspare Ihnen diese Ausführungen. Ich bitte Sie einfach nur kurz, sich zu erinnern, wann Sie das letzte Mal eine sinnlose Tätigkeit ausgeübt haben. Haben Sie eine im Kopf? Wie haben Sie sich dabei gefühlt? Haben Sie Ihre Arbeit trotzdem gut gemacht? Wie zufrieden waren Sie mit Ihrer Leistung?

Wenn Sie jetzt sagen: Hab ich gerne gemacht, sehr zufrieden, freue mich auf die nächste sinnlose Tätigkeit, dann überspringen Sie dieses Kapitel. War diese Tätigkeit für Sie aber nervend, hat es Sie Überwindung gekostet, sie zu erledigen, und das Ergebnis war okay, aber nicht dauerhaft zufriedenstellend? Dann lesen Sie weiter.

Die schlechte Nachricht gleich vorweg: Wir werden auch weiterhin ungeliebte Tätigkeiten machen müssen. Die Welt ist aus irgendeinem unerfindlichen Grund voll von ihnen. Das können wir uns nicht ersparen. Die Frage ist, welche Einstellung wir zu diesen Tätigkeiten haben. Es gibt mittlerweile eine Vielzahl von Studien, die festgestellt haben, dass die Tatsache, ob wir einer Tätigkeit einen Sinn zuordnen können, wesentlich zu einem guten oder eben schlechten Ergebnis beiträgt. Die Zuordnung hat außerdem Einfluss auf den Aufwand, die Kraft und Energie, die wir in diese Tätigkeit investieren (müssen). Und ganz nebenbei hat sie auch einen erheblichen Einfluss auf unser Wohlbefinden. Wir können unsere Arbeiten besser bewältigen und sie gehen uns leichter von der Hand, wenn wir einen Sinn dahinter entdecken.

Adam Grant, ein junger Professor, der sich viel mit Organisationspsychologie auseinandergesetzt hat,[24] hat für eine Studie die Teilnehmer in drei verschiedene Gruppen eingeteilt. Alle waren dafür zuständig, Stipendiengelder für Studenten per Telefon zu sammeln. Die erste Gruppe lernte einen der Studenten, der von den Spendengeldern profitiert hatte, persönlich kennen, die zweite Gruppe erhielt einen Dankesbrief, und die dritte Gruppe hatte keinerlei Kontakt zu den Studenten. Nach einem Monat hatte die erste Gruppe den Betrag der Spenden verdreifacht, während bei den anderen beiden Gruppen kein Unterschied festzustellen war. Durch den direkten Kontakt wurde der Sinn der Arbeit für die Spendeneintreiber viel deutlicher – sie konnten ein Gesicht damit verbinden und erlebten dadurch die Sinnhaftigkeit und die Notwendigkeit ihrer Tätigkeit.

Je mehr Verständnis wir für das haben, wofür wir uns engagieren, einsetzen, arbeiten, desto besser werden die Ergebnisse unserer Handlungen. Umgekehrt wurde festgestellt, dass Arbeit, die als sinnlos und wertlos eingestuft wird, Menschen schnell krank macht. Immer wieder erleben Führungskräfte ihre Tätigkeit als sinnlos, da sie ihre Selbstwirksamkeit nicht mehr spüren können. Gerade in großen Konzernen passiert es häufig, dass Manager aufgrund einer sich immer wieder ändernden Strategie oder unterschiedlicher politischer Interessen nicht mehr erkennen können, welcher größere Sinn hinter ihrer Arbeit steht. Das erschöpft und deprimiert viele von uns. Bei einer Untersuchung wurde festgestellt, dass die Radiologen eines Klinikums eine um 46 Prozent höhere diagnostische Genauigkeit erarbeiteten, wenn sie das Foto des Patienten bei den Patientenunterlagen sehen konnten. Ihnen wurde deutlicher bewusst, für wen sie diese Arbeit taten, welche Verantwortung sie trugen und damit auch, welcher Sinn hinter ihrer Arbeit steckte.[25]

Häufig verbinden wir mit sinnvollen Handlungen edle Tätigkeiten, wie anderen Menschen zu helfen oder bedeutende Erfindungen zu machen, die der Allgemeinheit dienen. So etwas ist zwar großartig – aber nicht jeder von uns hat die Gelegenheit, solche Aufgaben zu verwirklichen. Eher haben wir alltägliche Kleinigkeiten zu bewältigen wie die Küche aufzuräumen, die Steuererklärung abzugeben oder unseren riesigen Mail-Account abzuarbeiten. Doch es ist fast egal, was wir tun – in viel mehr Dingen, als wir oft meinen, steckt ein gesellschaftlicher Sinn. Ich denke in diesem Zusammenhang beispielsweise an die Putzfrau einer Klinik, die besonders engagiert und zufrieden ist, weil sie ihren Beitrag zur Genesung der Patienten kennt: eine saubere und schöne Umgebung. Oder auch an den Pförtner, der die Seele des Betriebs sein kann, dessen freundliche Begrüßung den Angestellten ein gutes Gefühl gibt. Oder an den kurzen Plausch eines Managers mit seinem Team, der den Mitarbeitern einen motivierenderen Start in den Tag schenkt. Es geht nicht um die großen philosophischen Ausführungen, sondern um die kleinen alltäglichen Dinge, die uns Sinn schenken können.

Sinn in etwas finden heißt auch zu überlegen, was uns wichtig ist, was unsere subjektiven Werte sind.[26] Wir fragen uns: Welchen Ereignissen, Personen, Dingen gebe ich welche Bedeutung in meinem Leben? Unsere Werte steuern uns in erheblichem Maße, unsere gesamte Wahrnehmung wird von ihnen beeinflusst. Erinnern wir uns kurz an das Kapitel zur optimistischen Grundhaltung, in dem erläutert wurde, dass jeder auf ein und dieselbe Situation völlig unterschiedliche Sichtweisen haben kann (siehe Seite 54). Wir alle haben Stereotypen und Vorurteile über unsere Mitmenschen und die Ereignisse um uns herum. Die brauchen wir auch bis zu einem gewissen Grad, denn nur so sind wir in der Lage, unsere Umwelt wahrzunehmen, da uns sonst die Informations- und Eindrucksflut völlig überfordern würde. Die Frage ist nur, wie wir mit unseren Stereotypen umgehen und welche Bedeutung wir ihnen geben.

Weil ich es (mir) wert bin ...

Werden unsere eigenen Werte nicht respektiert und gesehen, sind wir schnell frustriert oder unzufrieden. Denn ein jeder von uns braucht Wertschätzung – braucht es, von anderen für wertvoll gehalten zu werden. Das erfahren wir in der Regel eher, wenn wir uns in einem Umfeld bewegen, das unsere Werte teilt oder zumindest akzeptiert. Dazu ist es notwendig zu wissen, was genau unsere Werte sind.

WERTE ERKENNEN

Überlegen Sie kurz, welche Lebensbereiche für Sie wichtig sind, zum Beispiel Beruf, Familie, Freunde oder Vereinsleben. Überlegen Sie dann, welche Werte Ihnen in diesen verschiedenen Bereichen von Bedeutung sind. Damit Sie eine kleine Anregung haben, habe ich für Sie im Anhang einige Werte zusammengetragen (siehe Seite 228).

VARIANTE 1

Wenn Sie für jeden Lebensbereich in etwa fünf bis sechs Werte gefunden haben, achten Sie darauf, ob es Überschneidungen gibt. Prüfen Sie, ob Sie möglicherweise gewisse Werte aufgrund ihrer Ähnlichkeit zusammenfassen können. Versuchen Sie auf diese Weise, sich auf insgesamt sieben Werte einzugrenzen. Diese sieben Werte bringen Sie dann in eine Reihenfolge, beginnend bei dem Wert, der Ihnen am wichtigsten erscheint.

VARIANTE 2

Eine andere Möglichkeit, mehr über die eigenen Werte zu erfahren, ist, sich in Gedanken vorzustellen, Sie feiern Ihren neunzigsten Geburtstag. Aus jedem Lebensbereich möchte eine Person gern eine Rede auf Sie halten. Was würden Sie sich wünschen, dass gesagt wird? Diese Methode ist sehr effektiv und zeigt schnell auf, worauf Sie Wert legen.

Ohne Wertschätzung entstehen häufig Wertekonflikte. Ein solcher kann sowohl zwischenmenschlich (interpersonell) stattfinden als auch innerhalb einer Person (intrapersonell). Ein interpersoneller Wertekonflikt besteht, wenn zwei oder mehr Personen, die sich treffen, unterschiedliche Werte haben, die im Gegensatz zueinander stehen. Nehmen wir das Beispiel von oben: Gerechtigkeit. Vier Personen sollen eine Veranstaltung gemeinsam vorbereiten. Nach dem gemeinsamen Fest sind Einnahmen entstanden, die es zu verteilen gilt. Nun findet es der eine gerecht, dass alle gleich viele Anteile bekommen, ein anderer aber fände es gerechter, wenn alle entsprechend der Arbeit, die sie eingebracht haben, beteiligt würden. Ein intrapersoneller Wertekonflikt wäre es wiederum, wenn wir beispielsweise aufgrund unseres Bedürfnisses nach Ehrlichkeit eine Meinung äußern möchten, aber der Wunsch nach Verbundenheit und Harmonie eher zur Zurückhaltung führt.

Immer wieder kommen wir in solche Konflikte. Wir fühlen uns deutlich unwohl dabei. Denn es bedarf jedes Mal einer Entscheidung, welchem Wert wir gerade größere Bedeutung beimessen. Manchmal hilft es, sich bewusst zu machen, dass es dabei kein Richtig und kein Falsch gibt. Es geht vielmehr darum, sich klarzumachen, dass es unsere aktive Entscheidung ist, wie wir welche Werte definieren wollen.

Doch selbst wenn wir uns unserer Werte bewusst sind, kann es dennoch Momente geben, in denen man scheinbar keinen Sinn finden kann. Da gibt es extreme Beispiele. Viktor Frankl, einer der einflussreichsten österreichischen Neurologen und Psychiater, war während des Zweiten Weltkriegs in mehreren Konzentrationslagern inhaftiert und musste unglaubliches Leid ertragen. Er sah seinen Vater und viele andere sterben. Er wurde getragen von der Hoffnung, seine Mutter, seinen Bruder und seine Frau nach dem Krieg wiederzufinden. Schon in der Zeit seiner Gefangenschaft begann er an einem Manuskript zu arbeiten. Der Wunsch, seine Familie wiederzusehen und das Manuskript nach seiner Gefangenschaft zu veröffentlichen, war für ihn wichtiger Überlebensmotivator. Er schrieb später, dass er diese Zeit nur überlebte, weil er in der Lage war, durch beides einen Sinn in seinem Leiden zu finden. Das Manuskript war der Grundstein für seine spätere berufliche Karriere, seine Familie wiederzusehen war ihm jedoch nicht vergönnt, da alle in den Konzentrationslagern ermordet wurden. Die Erkenntnisse, die er durch die Unterstützung seiner Mitgefangenen und seiner eigenen Erfahrungen sammelte, waren der Ausgangspunkt für seine ganze weitere Lebensgeschichte.

Immer wieder gibt es Schicksalsschläge, die scheinbar sinnlos erscheinen – wie eine schwere Krankheit, ein Unfall oder eine Scheidung. Diese Prozesse übersteigen häufig unser Auffassungsvermögen. Menschen, die schwere Krisen erleben und es schaffen, einen Sinn in dem Leid zu erkennen, können schwere Lebensphasen besser und schneller durchschreiten. Dazu gehört auch, wie bereits weiter vorne in diesem Buch erwähnt, dass wir auch und gerade in ausweglos erscheinenden Situationen eher nach dem »Wozu« als nach dem »Warum« fragen: Wozu dient es mir, was kann ich daraus machen?

Nicht nur in schweren Zeiten hilft uns die Suche nach Sinn im Leben weiter. Bei allem, was wir tun, was uns beschäftigt, schafft es ein dahinter stehender Sinn – egal, wie deutlich dieser zutage tritt –, uns ein Maß an Zufriedenheit zu vermitteln. Wenn wir uns dazu entscheiden, unsere Werte zu leben und in unserem alltäglichen Tun zu erkennen, erleben wir unseren Alltag als sinnvoll. Manchmal fällt es uns leicht, weil uns der Wert besonders präsent ist. So wird jemand, dem Nachhaltigkeit ein wichtiger Wert ist, ganz selbstverständlich seinen Müll sortieren und beim Einkaufen darauf achten, dass er nicht zu viel Plastikmüll mit nach Hause nimmt – und eine gewisse Zufriedenheit daraus ziehen können. Bei anderen Werten kann das schon schwieriger sein. Nehmen wir zum Beispiel Toleranz. Wir sind uns alle einig, dass Hautfarbe und Religion bei der Einschätzung einer Person eigentlich keine Rolle spielen sollten. Auch das Alter ist in der Regel kein Grund für hitzige Toleranzdebatten. Aber wenn die ältere Dame beim Einkauf an der Kasse etwas länger braucht, um zu bezahlen, dann hört es bei dem ein oder anderen doch schon schnell auf mit der Toleranz. Auch wenn es in diesem Fall »nur« mangelnde Toleranz gegenüber dem fortgeschrittenen Alter ist. Da sind es dann die kleinen Dinge, die uns herausfordern, unsere Werte auch tatsächlich im Alltag erlebbar zu machen.

Es erfüllt uns mit Zufriedenheit, wenn wir unseren Werten im Alltag Ausdruck verleihen können. Es tut uns gut, sich für das einzusetzen, was uns wichtig ist. Was also hält uns davon ab, dem Sinn unseres Handelns mehr Raum zu geben? Woran liegt es, dass wir viel häufiger bloß reagieren als agieren? Was lässt uns immer wieder die Dinge, die uns wichtig sind, aus den Augen verlieren?

Wenn das Wörtchen wenn nicht wär...

Es gibt leider eine ganze Anzahl von Ursachen, die es uns erschweren, Sinnhaftigkeit wahrzunehmen. Dazu gehört zum einen die bei uns stark verbreitete Haltung: »Wenn ich erst mal ..., dann ...!«, »Wenn ich erst mal die Beförderung habe, dann ...!«, »Wenn ich erst mal gekündigt habe, dann ...!« oder: »Wenn erst mal die Kinder aus dem Haus sind, dann...!« Dieses »dann« tritt allerdings viel zu oft gar nicht ein. Fortwährend haben wir Ideen im Kopf, wie wir sein sollten und was wir gern machen würden. Dadurch rennen wir ständig einem zukünftigen Ideal hinterher und glauben, wenn wir einmal dies und jenes erreicht haben, sind wir glücklich und zufrieden. Dann haben wir unseren Lebenssinn gefunden. Dadurch werden wir allerdings immer unglücklicher, da wir ja nie perfekt werden. Wir können mit diesen Ausreden unser Ideal niemals erreichen.

Ein weiterer Grund, warum wir eher reagieren als agieren, ist auch das Gefühl der Beliebigkeit, das ich bereits in der Einleitung angesprochen habe: Die Tatsache, dass wir das Gefühl haben, keinen Einfluss auf die Geschehnisse zu haben, erzeugt ein gewisses Desinteresse. Wofür sollen wir uns schon engagieren, es nützt ja eh nichts. Die Dinge sind so komplex, wir sollen für alles Verständnis haben und tolerant sein, dass es schwierig wird, sich klar zu positionieren. Und damit erscheint einem auch einiges an gemeinschaftlichen Aktionen als sinnlos. Der Impuls zu helfen ist in den meisten von uns angelegt, nur häufig haben wir das Gefühl, es bestehe nicht die Möglichkeit, sich sinnvoll einzubringen. Wie groß das Bedürfnis für solche sinnvollen Handlungen ist, konnte man gerade während der Flüchtlingskrise im Spätsommer 2015 beobachten. Allein in München hatten sich 20 000 Bürger als Helfer gemeldet, um den Menschen auf der Flucht zur Seite zu stehen und damit eine sinnvolle Tätigkeit auszuüben. Die Behörden ließen es zu, dass Menschen sich vielfältig und unbürokratisch engagierten – und so entstanden völlig neue Ansätze und Privatinitiativen, die noch Wochen zuvor nicht denkbar gewesen wären.

Es ist alles so schön bunt hier…

Eine weitere Ursache, warum es uns so schwerfällt, sich auf die übergeordneten Themen zu konzentrieren (und nichts anderes ist die Sinnsuche ja), ist die sogenannte Dynaxität, ein von Professor Michael Kastner entwickelter Begriff,[27] mit dem er eine Mischung aus Komplexität und Dynamik beschreibt. Er stellte fest, dass durch eine Steigerung von Dynamik und Komplexität unser psychosoziales Verhalten deutlich beeinträchtigt wird – und damit unsere Leistungsfähigkeit und Lebenszufriedenheit stark sinken. Die dauernde berufliche Erreichbarkeit ist hierfür exemplarisch. Wir sind zwar in den letzten Dekaden in unserem Arbeitsalltag viel flexibler geworden. Wir haben neue Technologien entwickelt, können schneller kommunizieren. Dafür hat die Arbeit aber auch in viel stärkerem Maße in unseren privaten Lebensalltag Einzug gehalten. Wobei ich immer wieder verwundert bin, wenn ich das Wort »Work-Life-Balance« höre, denn ich habe das Gefühl, diese Trennung ist schon lange nicht mehr wirklich möglich. Viel zu sehr sind beide Aspekte unseres Lebens miteinander verschmolzen. Abgesehen davon, dass ich mich immer wundere, dass die Arbeit nicht zum Leben dazugehören soll.

Multitasking galt lange als neues Zauberwort, um die hohe Belastung in den Griff zu bekommen. Heute wissen wir, dass Multitasking zu fehlerhafter Leistung führt. Auch wenn unser Gehirn rein von den Kapazitäten her dazu in der Lage wäre, so sinkt die Aufmerksamkeit auf eine Tätigkeit jedoch stark, und dadurch werden wir unterm Strich langsamer und weniger effizient. Wir machen viel. Aber wenig richtig. Wir sind ständig damit beschäftigt, Zeit zu sparen, und merken nicht, dass wir die eingesparte Zeit gar nicht für Sinn- und Wertvolles nutzen.

Auch andere Punkte führen zu einer erhöhten Komplexität in unserer Gesellschaft. Unter anderem die vielen Optionen, die wir haben. Wir können pausenlos wählen, zwischen allen möglichen Alternativen. Und wenn wir es geschafft haben, unter den unendlichen Möglichkeiten die scheinbar richtige zu finden, fragen wir uns, ob wir nicht vielleicht doch besser eine andere Möglichkeit hätten wählen sollen. Wir bemühen uns ständig darum, alles zu optimieren, möglichst perfekt zu machen, und geraten unauffällig in ein Hamsterrad, in dem es gar nicht mehr darum geht, wozu wir all dies machen, sondern nur noch um die Frage, wann wir welche Option wählen.

Folglich nehmen Entscheidungen heute viel mehr Zeit in Anspruch, die wir aber gar nicht mehr haben. Keine Zeit zu haben, ist heute ein Statussymbol. Umgekehrt bedeutet Zeit zu haben, dass wir nicht wichtig sind, die anderen einen nicht brauchen. Eine solche Haltung ist jedoch sehr gefährlich. Wir bemühen uns, wie oben bereits angedeutet, ständig Zeit einzusparen, und merken häufig gar nicht, wie wir bei diesem Versuch immer gehetzter werden. Wie oft kommt Ihnen der Satz über die Lippen: »Ich muss nur noch schnell…«? Unser Umgang mit der Zeit erinnert mich immer wieder an die grauen Herren aus der Geschichte von Momo, die den Dorfbewohnern suggerieren, sie könnten ihre Zeit auf ein Zeitsparkonto einzahlen und sie für später aufheben. Doch wann können wir unsere ersparte Zeit überhaupt nutzen? Was fangen wir damit an? Wir sind doch eher für jede Ablenkung dankbar. Wir sind es ja gar nicht mehr gewohnt, dass es ruhige Zeiten gibt. 44 Prozent der Deutschen ziehen automatisch ihr Mobiltelefon aus der Tasche, wenn sie mal nichts zu tun haben. Bei den 18- bis 24-Jährigen sind es sogar 73 Prozent[28]. Tendenz steigend. Rasant steigend. Unser schneller Alltag kommt uns momentan ganz gelegen, wenn wir zwischen zwei Meetings noch rasch die Mails beantworten und beim Nachhausefahren ein paar Telefonate erledigen, dazwischen kurz überlegen, was es zum Abendessen geben soll, und nebenbei dem Bruder zum Geburtstag gratulieren. Wer soll sich da noch Gedanken machen über den Sinn des Großen und Kleinen?

Also was tun? Sollen wir Zeit sparen? Nein. Die Lösung klingt paradox, aber wir müssen Zeit verschwenden. *Das Mindfulness Based Stress Reduction Programm* (kurz MBSR-Programm)[29] leitet einen dazu an, achtsam wahrzunehmen, was ist und wie wir uns wieder Zeit nehmen. Es gilt als eine der wirksamsten Methoden gegen Stress und Depressionen. In einem achtwöchigen Kurs werden in der ersten Sitzung rund zehn Minuten darauf verwendet, eine Rosine zu essen (andere schaffen in der Zeit ein Drei-Gänge-Menü, wenn das nächste Meeting wartet). Probieren Sie es aus!

MIT ALLEN SINNEN SPÜREN

Nehmen Sie eine Nuss, eine Rosine oder ein Gummibärchen. Legen Sie es in Ihre Hand und betrachten es. Welche Textur, welche Farben hat es? Wie ist die Form? Können Sie einen Geruch wahrnehmen? Wie fühlt es sich auf Ihrer Hand an? Und wenn Sie es dann nach ausführlicher Betrachtung in den Mund nehmen: Was spüren Sie als Erstes? Das Gewicht? Die Konsistenz? Oder nehmen Sie gleich einen Geschmack wahr? Wie geht es der Zunge? Kann die Zunge es umfassen? Widerstehen Sie der Versuchung, gleich darauf zu beißen. Was passiert mit dem Gummibärchen, der Nuss oder der Rosine?

Verlangsamen Sie Ihren Alltag, und nehmen Sie stärker wahr, was ist. Es geht darum, wieder sinnliche Erfahrungen zu machen, in den kleinen Augenblicken des Alltags die Sinnhaftigkeit zu spüren – und dieses Wissen auf unsere täglichen Erfahrungen oder die Arbeit zu übertragen. Jeder, der schon einmal eine besonders schöne seelische oder körperliche Erfahrung gemacht hat, weiß, wie erfüllend diese sein kann, ob es nun ein schöner Sonnenuntergang, der Blick über eine Bergkette nach erfolgreichem Aufstieg oder auch ein gutes Essen mit Freunden ist. Diese Momente berühren uns und machen uns zufrieden.

Seit vielen Tausend Jahren versuchen schlaue Männer und Frauen der Frage nach dem Sinn des Lebens auf die Schliche zu kommen. Wie sollten wir in unserem kurzen Leben je diese Frage befriedigend beantworten können? Vielleicht geht es gar nicht darum, einen ultimativen Sinn des Lebens zu erkennen, sondern dass wir den Sinn des Moments erfassen. Sinnerfüllung, so interpretiert Elisabeth Lukas die Aussagen von Viktor Frankl, findet sich nicht nur in der »Emsigkeit« und der Kreativität, sondern auch im passiven Erleben, wie zum Beispiel dem Naturerlebnis.[30] Verlangsamung, Entschleunigung, Stressreduktion – sie alle helfen uns, die kleinen Momente des Alltags als sinnvoll wahrzunehmen. Das liegt daran, dass Zeit, Stress und Sinn in einem engen Zusammenhang stehen. Sinnliche Wahrnehmungen brauchen ein wenig Zeit. Wir können nicht in Eile die Schönheit der Natur genießen oder den zarten Geschmack eines besonderen Tees. Durch die Reduktion haben die Sinne mehr Raum für die Wahrnehmung. Das äußerst erfolgreiche Restaurant »E.A.T.« in New York bietet die Möglichkeit, an zwei Abenden in der Woche das Abendessen schweigend zu genießen. Die Gäste dürfen ab einem bestimmten Zeichen des Restaurantchefs nicht mehr sprechen. Wenn es dann zweierlei Ziegenkäse gibt, sagen viele Besucher, dass sie den Unterschied erst richtig durch die Stille wahrgenommen haben.

Für mich persönlich ist ein Ausflug in die Berge eine solche Möglichkeit, eine sinnliche Erfahrung zu machen. Immer wenn ich das Gefühl habe, ich ertrinke unter meinen Terminen und Anforderungen, dann fahre ich in die Berge und gehe wandern, auch wenn es der Terminplan eigentlich nicht zulässt. Ich sehe die Bergrücken und Gipfel, blicke in die Weite, höre Stille, bekomme frische Luft, und nach drei Stunden Wandern fühle ich mich ruhiger, bekomme wieder einen klaren Blick für das Wesentliche. Plötzlich wird klar, was sinnvoll ist – und was unnötiger Ballast. Es ist gar nicht unbedingt notwendig, sich mit schwer verdaulichen philosophischen Abhandlungen auseinanderzusetzen (das dürfen Sie natürlich, wenn es Sie entspannt). Aber es hilft uns schon, sich Zeit zu nehmen für die Dinge, die uns wichtig sind, und zu spüren, was ist. Und dann das eine mit dem anderen zu verbinden.

NEUE WEGE GEHEN UND WAHRNEHMEN, WAS IST

Ein guter Weg, um die Wahrnehmung ein wenig zu reaktivieren, ist, Dinge, die wir ganz selbstverständlich tun, ganz bewusst anders zu machen. Gehen Sie morgens mal linksherum aus der Tür anstatt rechtsherum, suchen Sie nach einem neuen Weg in Ihr Büro! Wählen Sie zu einem Anlass mal ein Outfit, das für Sie ungewöhnlich ist, und beobachten Sie die Reaktion der anderen. Essen Sie eine Mahlzeit mit der anderen Hand. Sie werden merken, wie Sie wieder viel mehr wahrnehmen, was Ihnen vorher als selbstverständlich erschien und Sie daher gar nicht wirklich wahrgenommen haben.

Neben der Möglichkeit, die Dinge neu wahrzunehmen, ist es auch rein biologisch schon wichtig, hin und wieder einfach mal gar nichts zu tun. Das Gehirn regeneriert sich durch das Nichtstun und verarbeitet ähnlich wie im Schlaf die Eindrücke, die wir vorher bekommen haben. Nichtstun wird bei uns allerdings häufig mit Faulenzen und Drückebergertum gleichgesetzt. Tatsächlich aber hat es für uns eine wichtige Funktion. Es gibt sogar bestimmte Hirnareale, die aktiv werden, wenn wir tagträumen oder einfach nichts tun. Forscher nennen diesen

Bereich das Default Mode Network (Leerlaufmodus). Dieser Gehirnbereich überschneidet sich mit jenem, der aktiv ist, wenn wir über unser Ich-Bewusstsein nachdenken. Folglich ist es auch für unsere Selbstinventur wichtig, immer mal wieder die Zeit verstreichen zu lassen und sich dem Nichtstun hinzugeben.[31] Übrigens war diese Art von Müßiggang früher nur dem Adel vorbehalten, um sich mit Kunst und Kultur zu beschäftigen. Wie wunderbar, dass wir nun alle die Möglichkeit haben, uns diesen Müßiggang zu gönnen.

IDEEN FÜR DEN MÜSSIGANG

- Aus dem Fenster starren
- Dem Tee beim Ziehen zuschauen
- Mit kleinen Kindern spazieren gehen
- Bei Regen bewusst stehen bleiben und die Regentropfen spüren
- Sich in die Fußgängerzone stellen und einfach beobachten
- Den Wind in den Haaren spüren oder sich mal nass regnen lassen
- Auf einen Baum klettern und den Blick von dort oben genießen
- Flanieren (ob in der Stadt oder in der Natur) – bewusstes langsameres Gehen

ICH WILL SO WERDEN, WIE ICH BIN – FREUNDE DICH MIT DIR SELBST AN

Warum wollen wir uns eigentlich (weiter-)entwickeln? Weil wir uns danach sehnen, ein zufriedenes und erfülltes Leben zu leben. Stillstand ist hin und wieder wohltuend, aber selten der Grund, warum wir uns erfüllt und zufrieden fühlen. In der Psychologie gibt es verschiedene Ansätze, die aufzeigen, welche Aspekte notwendig sind, um eine tiefe Zufriedenheit zu entwickeln. Die einen sagen, es brauche Sinnhaftigkeit, Engagement und Wohlgefallen beziehungsweise Genuss für ein erfülltes Leben. In anderen Modellen stehen Selbstakzeptanz, Autonomie und gute Beziehungen im Fokus. Für mich persönlich ist das PERMA-Modell von Martin Seligman, den Sie schon bei den Charakterstärken kennengelernt haben, jener Ansatz, der am umfassendsten die Aspekte des »Well Being« beschreibt und gleichzeitig eine gute Orientierung zur Selbstreflexion bietet.

PERMA ist ein Kürzel für die englischen Begriffe von folgenden Bereichen:

- *Positive Emotion* – Positive Grundeinstellung
- *Engagement* – Engagement
- *Relationships* – Positive Beziehungen

- *Meaning* – Sinnhaftigkeit
- *Achievement* – Zielerreichung

Für mich persönlich bilden diese fünf Bausteine eine gute Übersicht. Sie sind sozusagen die Grundlage für Seligmans »Theorie des Wohlbefindens« und schaffen einen Zugang zu der immer noch schwierigen Frage: »Wer ist denn dieses ›Selbst‹ nun eigentlich?« Das PERMA-Modell war für mich der Ausgangspunkt für meine intensive Auseinandersetzung mit der Positiven Psychologie.[32] Seligman hatte zunächst eine einfachere Theorie aufgestellt, die aus drei Bausteinen bestand: Freude (im Sinne von Genuss und positiven Emotionen), Engagement und Sinnhaftigkeit. Erst später kamen die Beziehungen und die Zielerreichung hinzu. Vier dieser Bausteine wurden bereits in den vorigen Kapiteln angesprochen, der fünfte Baustein – die Beziehungen – wird ausgiebiger im zweiten Teil dieses Buches behandelt. Das bedeutet, Sie haben sich mit den wesentlichen Bausteinen für ein gutes Leben schon auseinandergesetzt.

»Dem Gehenden schiebt sich der Weg unter die Füße« (Martin Walser): Ich möchte Sie an dieser Stelle noch mal ermutigen, sich bei Ihrer persönlichen Weiterentwicklung auf das zu konzentrieren, was Sie an sich bereits entdeckt und erforscht haben. Wertzuschätzen, welche Stärken Sie erkannt haben, wann Sie Zugang zu positiven Gefühlen und einer optimistischen Einstellung haben und an welchen Punkten in Ihrem Leben Sie Ihren Werten Raum geben.

Vermutlich gibt es bei Ihnen aber auch den ein oder anderen Punkt, an dem Sie sich gerne weiterentwickeln, an dem Sie noch lernen wollen. Möglicherweise möchten Sie sich angewöhnen, ein wenig optimistischer durch die Welt zu gehen – oder, ganz konkret, eine Ihrer Stärken besser anzuwenden.

Sollten Sie im Laufe dieses Buches Erkenntnisse gehabt haben, die für Sie sehr klar und verständlich waren, dann werden Sie beobachten können, dass sich diese Erkenntnisse und die damit verbundenen Entwicklungen auf sehr natürliche Weise in Ihr Leben einfügen werden. Ohne große Anstrengung. Ohne einen strengen Willen. Ohne Verbissenheit. Vor allem bei Dingen, die uns neu sind, also beispielsweise eine Stärke, die uns zuvor nicht bewusst war und mit der wir noch keine Erfahrungen haben, geht dies einfacher.

Sehr viel schwieriger ist es, Gewohnheiten zu verändern, die wir schon lange ohne großes Hinterfragen praktizieren. Jeder von uns, der sich schon mal ganz gesund ernähren oder ein überehrgeiziges Sportprogramm durchhalten wollte und es nicht geschafft hat, kennt diese Erfahrung. Wir wissen, wie wichtig eine gute Ernährung ist. Wir wissen auch, dass uns ein konsequentes Sportprogramm helfen würde, uns körperlich besser zu fühlen. Trotzdem schaffen es viele nicht, dies auf Dauer durchzuziehen.

Da ist es sehr hilfreich, erst einmal zu überprüfen, woher dieser Veränderungswunsch kommt. Versuche ich meine Vorstellung zu erfüllen – oder bloß die Erwartungen eines anderen? Möchte ich gerne so sein wie die anderen? Oder habe ich etwas entdeckt, was mein Potenzial besser zur Entfaltung bringt? Was genau ist noch mal das Ziel dieser Weiterentwicklung?

Seien Sie ruhig kritisch mit diesen Fragen und prüfen Sie sich gründlich! Denn um einen Entwicklungsprozess erfolgreich voranzubringen, sind verschiedene Punkte wichtig für die Umsetzung:

- Klare Bilder von dem, was ich erreichen möchte
- Gelassenheit für den Prozess
- Innerer Dialog mit meinen Persönlichkeitsteilen

- Willenskraft, die mich motiviert
- Mut und die Bereitschaft, die neuen Wege auszuprobieren
- Eine Gemeinschaft, die mich unterstützt

Ein *klares Bild* hilft uns dabei, den Weg, der uns voranbringt, konsequent und überzeugt zu gehen. Nur wenn ich weiß, wohin ich will, kann ich eine Richtung einschlagen. Wenn ich mehr für mich sorgen will, dann stelle ich mir ganz konkret ein Bild vor, anhand dessen ich erkennen kann, dass ich gut für mich gesorgt habe. Welche Vorteile ergeben sich aus solch einer Visualisierung? Gerade die visuelle Vorstellung hat eine starke Kraft.

Ein Beispiel: Früher rauchte ich meist ein Päckchen Zigaretten am Tag. Ich hatte unendlich viele Versuche unternommen, das Rauchen aufzugeben. Als ein guter Freund im Alter von 56 Jahren an Lungenkrebs starb, wurde mir plötzlich bewusst, dass meine drei wunderbaren Kinder womöglich viel zu früh auf ihre Mutter verzichten müssten und wie schön es wäre, kräftig und gesund gemeinsam mit meinen Kindern alt zu werden. Dieses Bild war auf einmal so stark für mich, dass ich ohne Probleme von einem auf den anderen Tag aufhören konnte und seit nunmehr zwölf Jahren nicht rückfällig geworden bin. Das Bild, wie ich gemeinsam mit meinen Kindern alt werde, wie vielleicht ein paar Enkelkinder später in einer Wohnung um den Esstisch springen und ich einigermaßen vital und fit hinter ihnen her, war für mich stark genug, das größte Laster meines Lebens aufzugeben.

Gelassenheit ist häufig bei Veränderungsprozessen wichtig, weil nicht alles so ohne Weiteres von heute auf morgen geschieht wie bei dem Beispiel eben gerade, sondern eher langsam. Wir müssen im Durchschnitt über einen Zeitraum von 66 Tagen täglich das tun, was wir lernen wollen, damit es sich als Gewohnheit etabliert. Auch ein Tunnelblick, ein zu starkes »Ich will aber!« bringt uns meistens eher weiter weg vom Ziel (es sei denn, Sie sind Leistungs- oder Ausdauersportler, da ist eine solche Einstellung durchaus von Vorteil). Das ist so ähnlich wie beim Gasgeben mit dem Auto. Wenn wir ganz schnell fahren, dann können wir uns nicht mehr auf das konzentrieren, was rechts und links um uns herum passiert. Gehen wir hingegen etwas runter vom Gas, haben wir ein breiteres Wahrnehmungsfeld. Und genau diese Haltung ist bei einem Veränderungsprozess sehr wichtig. Ganz abgesehen davon, dass wir dank beruflichem Zeitdruck und (Freizeit-)Stress sowieso schon eine gewisse Grundgeschwindigkeit im Leben haben.

Unsere Persönlichkeitsteile, unser inneres Team, oder wie auch immer wir diese Mannschaft nennen wollen, wirken bei solch einem Prozess ebenfalls mit. Sie können im *inneren Dialog* auf die unterschiedlichsten Weisen Einfluss nehmen. Möglicherweise gibt es einen Teil von Ihnen, der sich durch Veränderungen bedroht sieht. Entweder, weil ein Feuerbekämpfer einen verletzlichen Teil beschützen möchte, aus Angst, es könnte wieder eine Verletzung stattfinden. Es kann aber auch ein Manageranteil sein, der uns in der Vergangenheit erfolgreich gemacht hat (zum Beispiel ein dominanter Entscheider), der nun aber die Sorge entwickelt, nicht mehr genügend Engagement zeigen zu können. Diese Anteile haben häufig Bedenken, dass die Person beispielsweise lethargisch wird, wenn sie nicht ständig aktiv ist – also versucht sie, die Veränderung zu boykottieren. Es gibt aber auch andere Teile, die sich sehr über eine Veränderung freuen, die es gut finden, dass sie nun Raum und Aufmerksamkeit bekommen. Wir müssen uns das wie einen Verhandlungstisch mit vielen Gesprächspartnern vorstellen.

Gemeinsames Ziel aller Teile ist es, dass es uns gut geht. Doch möglicherweise versteht jeder Teil etwas anderes darunter, und es muss verhandelt werden, wer welchen Beitrag leisten kann und will. Und von wem er Unterstützung bekommen möchte. Eine Unternehmerin mittleren Alters zum Beispiel hatte einmal einen Persönlichkeitsteil, der für ihren beruflichen Erfolg wichtig war. Es war ein unnahbarer und sehr rational arbeitender Teil, der sich immer perfekt im Businesslook kleidete. Es gab aber auch einen anderen Teil in ihr, der eher wie Pippi Langstrumpf war. Er hatte freche rote Zöpfe, trug eine Latzhose, wollte die ganze Zeit toben und spielen und die Welt erforschen. Sie wünschte sich für ihren beruflichen Alltag mehr Leichtigkeit und Gelassenheit. Sie erkannte, dass das kleine freche Mädchen hilfreich sein könnte, da es die nötige Leichtigkeit hatte. So schaffte sie es durch einen inneren Dialog, dass sich die beiden Persönlichkeitsteile an der Hand nahmen. Gemeinsam meisterten sie die nächsten Termine. Die elegante, perfekte Frau hatte die Oberhand, aber die kleine zupfte sie immer mal wieder am Kleid und sagte: »Mach mal locker!« In dieser Zusammenarbeit war es der Unternehmerin möglich, sich ein wenig mehr zu entspannen und auch die Dinge mal etwas gelöster zu sehen – und trotzdem ungemein erfolgreich aufzutreten.

Lebe wild und gefährlich – wie Willenskraft und Mut mein Leben bereichern

Ohne *Willenskraft* brauchen wir einen Entwicklungsprozess gar nicht anzugehen. Die meisten unserer Veränderungsprozesse benötigen eine gewisse Art der Disziplin. Denn ohne sie schaffen wir es nicht, unsere Gewohnheiten zu durchbrechen, so einfach ist das leider. Disziplin ist für den beruflichen Erfolg sogar noch wichtiger als beispielsweise ein hoher Intelligenzquotient. Zwischen 1968 und 1972 wurde an der Stanford University in Kalifornien der in der Psychologie berühmte Marshmallowtest durchgeführt.[33] In diesem Testverfahren wurde festgestellt, dass Kinder, die in der Lage sind, 20 Minuten einer Süßigkeit zu widerstehen mit der Aussicht, dann mehr Süßigkeiten zu bekommen, später im Leben meistens erfolgreicher waren.

Das ist für Menschen wie mich eigentlich eine Katastrophe. Denn die Charakterstärke Ausdauer liegt bei mir erst auf Platz 19. Wenn ich aber auf mein bisheriges Leben zurückblicke, dann habe ich, wenn das Ziel klar und wichtig genug war, es immer auch erreicht. Nur strenge Diäten und ehrgeizige Sportprogramme halte ich nicht so gut durch, die sind mir dann am Ende doch nicht so wichtig. Es gibt aber auch für mich Hoffnung, denn Willenskraft kann gelernt werden. Es ist, sagt der Sozialpsychologe Roy Baumeister[34], mit der Willenskraft wie mit einem Muskel. Übertreiben wir es mit der Selbstdisziplin, dann kann der Muskel erschöpfen. Das heißt, wenn wir versuchen, zu oft die Dinge unter Kontrolle zu halten und zu viele Projekte auf einmal anzugehen, dann schafft unsere Disziplin das nicht. Umgekehrt kann durch kleine Projekte die Willenskraft trainiert und langsam aufgebaut werden.

Doch um all das, was ich bisher erwähnt habe, leben zu können, braucht es vor allem eins: *Mut*. Nun könnten Sie sagen: »Schön und gut, aber ich will ja nicht gleich mein Leben aufgeben und auswandern.« Sich zu verändern beziehungsweise sich weiterzuentwickeln bedarf jedoch immer des Mutes. Denn wir wissen ja nicht, wo die Weiterentwicklung hinführt, was die neuen Sichtweisen uns bringen werden. Es ist immer wieder notwendig, alte und vertraute Dinge, Personen oder Verhaltensweisen loszulassen. Denn jede Veränderung hat auch einen Preis.

Was ist möglicherweise der Preis für Ihre Veränderung? Wer gerne *everybody's darling* ist und sich nun dagegen entscheidet, wird erst mal mit ein paar unangenehmen Auseinandersetzungen konfrontiert werden. Wenn ich gerne abnehmen möchte, dann werde ich nicht mehr diejenige sein, die immer Kuchen für die netten Kollegen mit ins Büro bringt. Und wenn ich beruflich durchstarten will, dann werde ich vermutlich eine Weile weniger Zeit für Freunde und Familie haben.

Als ich anfing, meine Grundeinstellung positiver auszurichten, hörte ich häufig von Freunden: »Du redest auch alles schön, oder?« und: »Du bist ja so naiv!« Aber mir hat die Veränderung gutgetan. Ich fühle mich wohler so. Und irgendwann verstummten auch die kritischen Kommentatoren.

Wir haben Angst, uns möglicherweise für die falsche Seite zu entscheiden oder andere zu verärgern oder zu enttäuschen. Robert Biswas-Diener hat in seinem Buch »The Courage Quotient« geschrieben, dass unser Mut vor allem von zwei Faktoren abhängt: unserer Angst und unserer Bereitschaft, trotz dieser Angst zu handeln. Je mehr wir die Furcht in den Griff bekommen und stattdessen handlungsbereit sind, desto mutiger werden wir. Diener beschreibt in sehr anschaulicher Weise, wie uns die Angst immer wieder davon abhält, Dinge zu tun, die wir unter anderen Umständen als selbstverständlich ansehen würden – wie beispielsweise einen Fehler einzugestehen. Wissen oder fürchten wir, dass wir uns durch das Zugeben eines Fehlers lächerlich machen, versuchen wir ihn zu vertuschen – während ein Fehler, der auch jedem anderen hätte passieren können, leichter zugegeben ist. Es geht also zum einen darum, unsere Angst zuzulassen, aber auch darum, sie zu kontrollieren.

Wir sind nicht immer Helden, und das brauchen wir auch nicht zu sein. Wir sollten uns nur überlegen, an welchen Stellen wir noch mehr Mut zeigen könnten, indem wir mehr zu unseren Werten und Bedürfnissen stehen. Es können alltägliche Kleinigkeiten sein, bei denen wir üben, mutig zu sein. Ich stand neulich enorm unter Zeitdruck, und eine Freundin, von der ich schon lange nichts mehr gehört hatte, rief an und fragte, ob ich Lust hätte, sie zu treffen. Ich sagte spontan zu, da sie mir wirklich wichtig ist. Ich freute mich aufrichtig, sie wiederzusehen. Als sie mir dann aber erzählte, dass noch zwei weitere Freundinnen dazukämen, merkte ich, dass ich darauf keine Lust hatte. Ich wollte mich gern mit meiner Freundin austauschen, erzählen, was in der Zwischenzeit passiert war, aber nicht Small Talk betreiben. Dann würde ich lieber meine Zeit nutzen und meine Arbeit voranbringen. Dies ihr gegenüber zu äußern, war für mich ein großer Schritt und mutig. Ich sage solche Dinge nicht gern. Aber es hat mir gutgetan. Ich traf meine Freundin schließlich später alleine zu einem herrlichen Essen.

MUTIG SEIN

Legen Sie einen Tag in der Woche fest, der Ihr Muttag ist. Überlegen Sie sich etwas, das Sie sich bisher noch nicht getraut haben. Das können alltägliche Kleinigkeiten sein. Hier ein paar Vorschläge:

- Springen Sie mal vom 10-Meter-Brett (oder 3 Meter, wenn Sie das noch nicht gemacht haben)
- Ziehen Sie sich ganz schräg an, und gehen Sie so einkaufen
- Probieren Sie mal ein Nahrungsmittel aus, das Sie eher erschaudern lässt (merkwürdige Früchte, gegrillte Insekten etc.)

- Gehen Sie auf eine Party, bei der Sie niemanden kennen (womöglich noch nicht mal den Gastgeber)

Mut ist ein äußerst lebendiges Gefühl. Wir spüren, dass wir Dinge können, die wir uns möglicherweise vorher nicht zugetraut hatten. Wir spüren mehr Selbstwirksamkeit und nutzen unser Potenzial der Veränderung.

Damit ich mutig sein kann, brauche ich manchmal einen Talisman, einen Glücksbringer, von dem ich glaube, dass er mich unterstützt. So hat mir mein Mann von einer für ihn sehr wichtigen Reise einen Stein mitgebracht. Ich trage ihn immer bei mir, wenn ich glaube, Unterstützung nötig zu haben. Sie finden, das ist quasi-esoterischer Aberglaube? Stimmt. Allerdings sehr ähnlich beispielsweise dem Zuspruch: »Ich drücke dir die Daumen!« Ganz ehrlich: Wieso sollte eine Herausforderung – sei es eine Präsentation, ein Vortrag oder eine Prüfung – besser laufen, nur weil Sie für jemanden die Daumen festhalten? Oder warum glauben so viele Menschen, dass Essen, das mit Liebe gekocht wurde, besser schmeckt? Dass solch ein Glaube die Leistungsfähigkeit unterstützt, hat eine Kölner Forschungsgruppe wissenschaftlich belegt.[35] Sie stellte fest, dass jene Personen, die einen Talisman hatten, bessere Leistungen erbrachten als jene ohne. Sogar der IQ wurde höher gemessen. Also vertrauen Sie sich ruhig. Es mag albern wirken. Aber wenn es Ihnen hilft, dann nehmen Sie einen Talisman mit oder unterstützen Sie sich anderweitig, damit Sie sich ein wenig mehr trauen.

Bleibt noch der letzte Punkt, der uns bei Entwicklungsprozessen unterstützen kann, die *Gemeinschaft*. Dabei kann es zum einen hilfreich sein, sich Gleichgesinnte zu suchen (wie die Abnehmwilligen bei den »Weight Watchers« oder die Sportwilligen in der Laufgruppe). Durch das Teilen von Schwierigkeiten und Fortschritten haben die Teilnehmer die Möglichkeit, ihre eigenen Schwächen oder auch Erfolge besser einzusortieren, und fühlen sich zum einen verpflichtet – aber eben auch motiviert. Zum anderen ist es für manche hilfreich, die eigenen Ziele mit jenen Freunden oder Familienangehörigen zu teilen, die diese Veränderung mittragen, und sich damit selbst eine Abmachung zu verschaffen. Durch diese Öffentlichkeit ist es deutlich schwieriger aufzugeben. Manchmal ist es auch sinnvoll, andere ganz konkret um Hilfe zu bitten. Das ist uns häufig peinlich, oder wir wollen uns nicht zu sehr festlegen. Die Unterstützung durch Mitmenschen ist allerdings so kraftvoll, dass wir ohne sie ein unglaubliches Potenzial verschenken. Das kann ein Rat eines Kollegen sein, aber auch das Feedback einer Freundin oder die tatkräftige Unterstützung eines erfahrenen Läufers, wenn man zum ersten Mal einen Halbmarathon absolvieren möchte. Je genauer wir nach Unterstützung fragen, desto besser können uns die anderen helfen. Wir sollten allerdings damit rechnen, auch Unangenehmes gesagt zu bekommen. Denn wir wollen ja wissen, wie wir uns am besten weiterentwickeln können. Wie wir mit Kritik gut und konstruktiv umgehen können, dazu kommen wir später noch.

Wichtig für einen Entwicklungsprozess ist es, ihn in kleinen Schritten umzusetzen. Das hat mehrere Vorteile: Erstens erschöpfen wir die Willenskraft nicht zu schnell. Zweitens können wir schon kleine Erfolge wahrnehmen, auch wenn wir erst ein Stückchen des Weges gegangen sind. Und drittens fangen wir mit einem kleinen Schritt auch große Reisen an, es braucht für den Anfang nur weniger Mut.

Also seien Sie liebevoll zu sich. Entwickeln Sie ein gutes Selbstbild, aber bitte mit einem wohlwollenden Blick und einer Wertschätzung Ihres Wesens. Und wenn Sie etwas verändern wollen, dann eins nach dem anderen, spielerisch, mit echter Freude am neuen Handeln.

TEIL 2
BEZIEHUNGS-INVENTUR

Bevor Sie in den zweiten Teil des Buches einsteigen, haben Sie die Möglichkeit, eine kurze Beziehungsinventur zu machen. Sollten Sie ein ausführlicheres Ergebnis wünschen, können Sie diesen Test gerne auf www.flourishing-institut.com durchführen.

Fragebogen BEZIEHUNGSINVENTUR

Bitte kreuzen Sie den entsprechenden Wert zwischen
5 – Stimme ich voll zu – und **1** – Stimme ich gar nicht zu –
als Antwort auf die Fragen **1)** bis **20)** an.

1) Wenn etwas nicht so läuft, wie ich es für richtig halte, äußere ich meine Meinung oder Bedenken sehr klar und deutlich.

Stimme ich	**5**	**4**	**3**	**2**	**1**	stimme ich
voll zu	○	○	○	○	○	gar nicht zu

2) Ich habe mich in den letzten vier Wochen nie einsam gefühlt.

Stimme ich	5	4	3	2	1	stimme ich
voll zu	○	○	○	○	○	gar nicht zu

3) Mein Leben kann ich ganz nach meinen Wünschen gestalten.

Stimme ich	5	4	3	2	1	stimme ich
voll zu	○	○	○	○	○	gar nicht zu

4) Ich habe mehrere Menschen, denen ich wirklich etwas bedeute.

Stimme ich	5	4	3	2	1	stimme ich
voll zu	○	○	○	○	○	gar nicht zu

5) Ich genieße es sehr, Zeit mit mir alleine zu verbringen.

Stimme ich	5	4	3	2	1	stimme ich
voll zu	○	○	○	○	○	gar nicht zu

6) Wenn ich Probleme habe, habe ich immer jemanden, mit dem ich darüber reden kann.

Stimme ich	5	4	3	2	1	stimme ich
voll zu	○	○	○	○	○	gar nicht zu

7) Ich lasse keine Gelegenheit aus, anderen zu helfen.

Stimme ich voll zu	5 ○	4 ○	3 ○	2 ○	1 ○	stimme ich gar nicht zu

8) Ich kenne meine Grenzen und kann sie auch klar kommunizieren.

Stimme ich voll zu	5 ○	4 ○	3 ○	2 ○	1 ○	stimme ich gar nicht zu

9) Ich bekomme in meinem Leben viel Anerkennung und Aufmerksamkeit.

Stimme ich voll zu	5 ○	4 ○	3 ○	2 ○	1 ○	stimme ich gar nicht zu

10) Ich treffe mehrmals die Woche Menschen, die mir viel bedeuten.

Stimme ich voll zu	5 ○	4 ○	3 ○	2 ○	1 ○	stimme ich gar nicht zu

11) Mit vielen Menschen zusammen zu sein kostet mich gar keine Kraft.

Stimme ich voll zu	5 ○	4 ○	3 ○	2 ○	1 ○	stimme ich gar nicht zu

12) Ich mache selten Dinge, nur damit mich andere mögen.

Stimme ich	5	4	3	2	1	stimme ich
voll zu	○	○	○	○	○	gar nicht zu

13) Die Menschen in meinem Umfeld sind sehr hilfsbereit.

Stimme ich	5	4	3	2	1	stimme ich
voll zu	○	○	○	○	○	gar nicht zu

30

14) Egal in welche soziale Situation ich komme, ich kann mich überall sicher bewegen.

Stimme ich	5	4	3	2	1	stimme ich
voll zu	○	○	○	○	○	gar nicht zu

15) Ich kann gut vermitteln, wann ich gern Nähe habe und wann ich lieber allein bleibe.

Stimme ich	5	4	3	2	1	stimme ich
voll zu	○	○	○	○	○	gar nicht zu

16) Die Anerkennung von anderen ist mir nicht wirklich wichtig.

Stimme ich	5	4	3	2	1	stimme ich
voll zu	○	○	○	○	○	gar nicht zu

17) Ich habe in den letzten vier Wochen einem Freund sehr geholfen.

Stimme ich voll zu	5	4	3	2	1	stimme ich gar nicht zu
	○	○	○	○	○	

18) Ich kann sehr gut spüren, was andere gerade denken oder fühlen.

Stimme ich voll zu	5	4	3	2	1	stimme ich gar nicht zu
	○	○	○	○	○	

19) Ich kann mich gut abgrenzen, wenn mir jemand zu nahe kommt.

Stimme ich voll zu	5	4	3	2	1	stimme ich gar nicht zu
	○	○	○	○	○	

20) Es fällt mir sehr leicht, mich mit anderen abzustimmen und einen Konsens zu finden.

Stimme ich voll zu	5	4	3	2	1	stimme ich gar nicht zu
	○	○	○	○	○	

Tragen Sie nun die Werte von **1** bis **5**, die Sie bei jeder Frage angekreuzt haben, in die Tabelle ein.

Beziehungsinventur

Frage	Wert	Frage	Wert	Frage	Wert	Frage	Wert
1		2		3		4	
8		5		7		6	
12		11		9		10	
16		15		13		14	
20		19		17		18	
Summe:		Summe:		Summe:		Summe:	
	Konflikt		**Nähe/ Distanz**		**Geben/ Nehmen**		**Beziehungen**

Im Anhang auf Seite 217 finden Sie eine Auswertung Ihres Ergebnisses.

Sich selbst zu kennen, ist der erste und vielleicht wichtigste Schritt, wenn wir unser Leben ganz nach unseren Vorstellungen und Bedürfnissen gestalten wollen. Erst wenn uns bewusst ist, welche Werte uns wichtig sind, was wir können und was wir schon geleistet haben, sind wir auch in der Lage, umfassend und zielgerichtet für uns zu sorgen. Soll heißen: Wir müssen also nur ohne zu starken Druck und Selbstoptimierungseifer an uns selbst arbeiten, und schon werden wir alle Probleme los? Nun, so leicht ist es natürlich nicht. Zu einem guten, erfüllten und zufriedenen Leben gehört noch etwas mehr: die anderen. Unsere Umgebung, unsere Freunde, unsere Familie, unsere Kollegen. Das Spannungsfeld zwischen unserem Wunsch nach individueller Entwicklung und Unabhängigkeit einerseits und unserer Sehnsucht nach Zugehörigkeit zu einer Gruppe und Gemeinschaft andererseits stellt uns immer wieder vor eine essenzielle Herausforderung: einen regelmäßigen Abgleich herzustellen zwischen dem, was wir wollen, und dem, was für die Gemeinschaft gut ist.

Bisher haben wir vor allem an einer Aufgabe gearbeitet: Was kann uns dabei unterstützen, ein gutes, positives Bild von uns selbst zu bekommen? Doch möglicherweise stimmt dieses Selbstbild nicht immer überein mit dem Bild, das andere von uns haben.

Oft begegnen mir in meinem beruflichen Alltag Menschen, die ein klares und eindeutiges Bild von sich haben: Sie sind nach ihrer Einschätzung offen und tolerant, haben gute Umgangsformen und sind freundlich (und wahrscheinlich sind sie das auch im Großen und Ganzen). Doch sie bekommen in verschiedenen Kontexten (also beispielsweise vom Partner, Freunden oder Mitarbeitern) ganz andere Rückmeldungen. Der Partner findet diese Person zunehmend egoistisch, die Freunde lieben ihre Klarheit, und der Kollege nimmt sie als unnahbar wahr. Welches Bild ist nun wahr? Wie sind wir wirklich? Nun, eine Wahrheit gibt es leider nicht. Es ist eher ein Sowohl-als-auch. Häufig stimmt das Selbstbild mit dem Fremdbild nur bedingt überein – und das verwirrt uns. Aber eigentlich ist es eine hervorragende Chance zur Weiterentwicklung. Werfen wir also einen Blick auf die Ausprägungen unserer Persönlichkeiten und die Frage, was diese für unsere Beziehungen und unseren Alltag bedeuten.

ICH SEHE WAS, WAS DU NICHT SIEHST! – SUBJEKTIVE WAHRNEHMUNG UND IHR EINFLUSS AUF UNSER HANDELN

Um unsere Umwelt wahrzunehmen, sind wir darauf angewiesen, eine große Anzahl von Informationen in Sekundenschnelle zu erfassen. Das Auto, das plötzlich über die Ampel fährt, obwohl wir als Fußgänger eigentlich Grün hatten, der Kollege, der in einem Meeting mit dem Chef versucht, die Schuld für ein gescheitertes Projekt abzuwälzen, oder das Duschwasser, das plötzlich zu kalt wird, obwohl wir doch gerade so schön das Shampoo in unseren Haaren verteilen. Wir ordnen diese Dinge in kürzester Zeit ein, ganz gleich, ob es sich dabei um banale oder um lebens- oder karriereentscheidende Momente handelt. Unser Gehirn kann in kürzester Zeit Informationen verarbeiten, die uns eigentlich gar nicht wirklich bewusst sind. Es ist jedem von uns schon mehr als einmal passiert, dass wir Informationen mehr oder weniger unbewusst aufgenommen und irgendwo in einer Ecke des Gehirns abgespeichert haben und uns erst später klar wurde, dass wir diese Situation überhaupt registriert hatten. Und sei es die zu kalte Klimaanlage im Zug, die uns erst im Nachhinein wieder ins Bewusstsein rückt, wenn wir zwei Tage nach der Fahrt plötzlich einen Schnupfen bekommen.

Wir nehmen unsere Umwelt unterschiedlich wahr – und wir nehmen auch Situationen und Sachverhalte unterschiedlich wahr. Vielleicht erinnert sich der ein oder andere noch daran, dass es Anfang 2015 heftige Diskussionen im Internet gab, ob ein gewisses Kleid, das eine schottische Bloggerin eingestellt hatte, nun weiß-gold oder blau-schwarz war. Millionen Menschen diskutierten damals weltweit, welche Farbe das Kleid nun hätte[36]. Es bildeten sich eine regelrechte Blau-Schwarz- und eine Weiß-Gold-Fraktion heraus. Jede Gruppe sah den Sachverhalt eindeutig und konnte nicht verstehen, wie jemand ernsthaft etwas anderes behaupten konnte. Der Wahrnehmungspsychologe Karl Gegenfurtner von der Justus-Liebig-Universität in Gießen erklärte, dass selbst die Farbwahrnehmung subjektiv unterschiedlich sein kann, je nachdem, wie viel Aufmerksamkeit welchen Farbtönen und Lichteffekten geschenkt wird. Dadurch kann ein und dasselbe Kleid tatsächlich unterschiedlich wahrgenommen werden.

Wahrnehmung ist subjektiv. Natürlich. Wahrnehmung ist aber noch viel subjektiver, als wir bisher dachten. Und das gilt erst recht für die Wahrnehmung unserer selbst. Das Bild, das wir von uns entwickelt haben, ist häufig geprägt von Erfahrungen, die wir gemacht haben, beziehungsweise Aussagen, die wir immer wieder gehört haben. Von den Eltern, als wir aufgewachsen sind (»Du bist ein Sprachtalent!«), oder von Freunden in der gemeinsamen Sozialisation oder Studienzeit (»Du bist echt ein Chaot!«).

Dove, eine Firma für Pflegeprodukte, hat für einen Werbefilm im Jahre 2013 Frauen gebeten, sich selbst zu beschreiben.[37] Anhand der Aussagen hat ein Phantomzeichner Bilder angefertigt, ohne dass er die Frauen vorher gesehen hatte. In einem zweiten Schritt sollten sich die Frauen gegenseitig beschreiben. Von dieser Beschreibung wurde wiederum eine Skizze angefertigt. Die Bilder der Fremdbeschreibung waren durchweg schöner, fröhlicher, liebevoller als die eigenen Beschreibungen. Selbstwahrnehmungen und Untertreibungen scheinen also einen gewissen Bezug zueinander zu haben. Auf der anderen Seite hat eine Umfrage in Amerika gezeigt, dass 94 Prozent der amerikanischen Hochschulprofessoren finden, dass ihre Forschungsarbeiten überdurchschnittlich gut sind. Und 70 Prozent der Oberschüler in Amerika denken, dass sie überdurchschnittlich intelligent sind. Ein kulturelles Phänomen? Mitnichten. Auch in Deutschland gibt es solche Formen von Selbstüberschätzung: Immerhin finden 74 Prozent der deutschen Frauen, dass sie jünger aussehen als ihre Altersgenossinnen. Hier hat die Selbstwahrnehmung scheinbar einen anderen Zweck: die Stabilisierung des Selbstbildes.

Auf jeden Fall zeigen diese Beispiele, dass uns unsere Selbstwahrnehmung wohl gerne einen Streich spielt. Wir schwanken offensichtlich häufig zwischen Übertreibung und Untertreibung. Um ein klareres Bild von uns zu bekommen, vergleichen wir uns mit anderen, wir stellen uns in Relation zu unserem Umfeld. Und projizieren dabei Hoffnungen, Ängste und Erwartungen auf uns selbst.

Comparing kills you

Wir vergleichen uns. Und zwar ständig. Das hat vor allem drei Gründe, die der Sozialpsychologe Leon Festinger[38] einst am MIT feststellte: Erstens versuchen wir durch den Vergleich mit Gleichgestellten, ein realistisches Bild von uns zu bekommen. Zweitens versuchen wir, unser Selbstwertgefühl zu steigern – durch den Vergleich mit Schlechteren oder Unterlegenen. Und drittens suchen wir nach Entwicklungspotenzialen und vergleichen uns deshalb mit Besseren, denn nur durch den Vergleich können wir Möglichkeiten entdecken, uns weiterzuentwickeln. Das bedeutet, dass das Vergleichen an sich durchaus positive Aspekte hat und zu unserer persönlichen Entwicklung beiträgt. Es ist also kein Mechanismus zum Selbstbetrug, sondern durchaus positiv – solange wir es als Entwicklungspotenzial sehen. Doch die moderne Gesellschaft, ja sogar die Globalisierung, hinterlässt auch beim gesunden Vergleich ihre Spuren. Während wir uns früher mit einem realen, überschaubaren Umfeld verglichen haben, besteht heute die Möglichkeit, sich weltweit mit den sieben Milliarden Erdbewohnern zu vergleichen. Unterstützt von Instagram, Facebook und anderen sozialen Medien, ist das Vergleichen wesentlich intensiver geworden, und es entsteht schnell das Gefühl, den anderen ginge es besser als uns. Wir vergleichen unsere Berufsschritte mit imposanten Karrieren aus dem Silicon Valley (»Wir haben viel weniger Drive!«), unsere schlichten Urlaubsreisen in die Toskana mit Abenteuerreisenden in der Antarktis (»Wir sind so langweilig!«) und so weiter und so fort. Dass diese Vergleiche schwierig sind, ist zwar schnell ersichtlich, trotzdem finden sie statt. Auch nach unten. Möglicherweise ist deshalb Trash-TV, wie beispielsweise »Dschungelcamp«, »Berlin Tag und Nacht« oder »Big Brother«, so beliebt. Es suggeriert uns eine gewisse Überlegenheit.

Doch auch ohne die Medien kann uns der Vergleich manchmal das Leben schwer machen. Stellen Sie sich vor, Sie haben mit viel Anstrengung ein Fitnessprogramm absolviert und sind ganz stolz, dass Sie am Ende Ihres Projektes einen Zehn-Kilometer-Lauf schaffen. Als Sie es dann ganz stolz Ihren Freunden erzählen wollen, kommt jemand dazu und sagt: »Ach, letztes Wochenende bin ich einen Marathon gelaufen, das hat gutgetan.« Wie fühlen Sie sich da? Sind Sie dann immer noch genauso stolz auf Ihre Leistung? Und selbst wenn: Würden Sie auf der nächsten Party Ihren Freunden noch davon erzählen?

Mir passiert es beispielsweise immer wieder, dass mein Selbstwertgefühl beim Lesen anderer Biografien oder Lebensläufe drastisch sinkt. Ich habe das Gefühl, die anderen hätten alles besser gemacht als ich. Sie haben die richtige Ausbildung inklusive weitreichender Fortbildungen, einen tollen Job, großartige Chancen, sehen besser aus, und ihre Kinder sind allesamt besser in der Schule als meine. Als ich kürzlich mit einer Kollegin sprach, sagte sie: »Bei dir scheint alles richtig zu sein: Super Ausbildung, eine tolle Familie, und deine Arbeit scheint dir sehr viel Spaß zu machen.« Die Kirschen in Nachbars Garten sind scheinbar immer roter als die eigenen.

Jeder, der eine Tochter im pubertären Alter hatte oder hat, kennt dieses höchst ungesunde Vergleichen in exzessiver Form. Wir wachsen mit Vergleichen auf. Schon während der Schulzeit werden wir ständig mit unseren Klassenkameraden verglichen. Wir versuchen während der Pubertät durch Vergleichen unsere Besonderheiten zu entdecken, und auch sonst findet immer ein Abgleich mit dem Umfeld statt – auf dem Sportplatz, auf der Party oder im Beruf. Wir verwechseln gerne das Lernen am Vorbild mit dem Vergleich. Durch das Beobachten der anderen können wir für uns Erkenntnisse gewinnen, zum Beispiel darüber, wie andere Probleme lösen oder mit Freunden umgehen, welche Lerntechniken sie verwenden oder wie wir besser Auto fahren könnten. Solange es bei einem Beobachten der anderen bleibt, ist das hilfreich und sinnvoll. Wenn wir aber dabei denken: »Ich will gerne so sein wie …«, dann wird es schwierig. Denn dann möchten wir nicht mehr von jemandem lernen, sondern ihn kopieren. Wir hoffen, dass wir, wenn wir uns nur genügend anstrengen, so gut, schön, schnell oder fleißig werden können, wie wir glauben, dass es die anderen sind – und verausgaben uns dabei völlig sinnlos. Ich weiß das sehr gut aus eigener Erfahrung.

Vor einigen Jahren steckte ich in einer Lebensphase, in der ich so gute Seminare an der Uni halten wollte wie ein bestimmter Kollege, so toll Yoga können wollte wie meine Schwägerin, so flüssig Spanisch sprechen wie eine Freundin, und natürlich wollte ich den schönsten Geburtstagskuchen für den Kindergarten meiner Kinder backen. Ich schaffte alles, bis ich dann an Weihnachten keine Luft mehr bekam – im wortwörtlichen Sinne. Und das nächste halbe Jahr mit einer schweren Lungenentzündung kämpfte. Danach ging ich mein Leben etwas sanfter an. Der Versuch, so zu sein wie die anderen, kann uns nicht nur erschöpfen. Er kann uns regelrecht die Luft zum Atmen nehmen.

COMPARING IS THE THIEF OF JOY!
(Theodore Roosevelt) –
DAS VERGLEICHEN IST DER DIEB DER FREUDE

Auch wenn Ihnen die bisherigen Ausführungen und Erklärungen einleuchtend erschienen, wird es Ihnen vermutlich so gehen wie jedem anderen auch: So ganz abstellen können wir das Vergleichen nicht. Aber wir können uns um einen sinnvollen Umgang damit bemühen. Sollte Sie bei dem Vergleich das Gefühl beschleichen, Sie wären nicht so gut/so stark/so …, dann lassen Sie sich davon inspirieren. Fragen Sie sich, was Sie bereit sind zu investieren, um sich weiterzuentwickeln, und reflektieren Sie, ob die Fähigkeiten, Leistungen oder Gaben des anderen überhaupt zu Ihnen passen. Denn wenn wir beispielsweise auch gerne fünf Sprachen sprechen würden, müssten wir viel Zeit in das Vokabellernen investieren. Dazu sind aber eben nicht alle Menschen bereit.

Wir vergleichen uns also, damit wir uns besser einschätzen können und für unser Selbstbild Alternativen zu unserem Verhalten wahrnehmen. Bevor wir zu uns selbst kommen, wenden wir den Blick einmal nach außen: Wie genau nehmen wir die anderen wahr? Wir bilden uns in kürzester Zeit eine klare Meinung über unsere Mitmenschen. Es gibt wissenschaftliche Untersuchungen, die besagen, dass es gerade mal sieben Sekunden dauert, in denen eine erste Meinung entsteht. Sind in den nächsten Minuten die Impulse übereinstimmend mit dem ersten Eindruck, dann ist unser Bild von unserem Gegenüber schon ziemlich fix.

Diese Idee greift auch der sogenannte »elevator pitch« auf. Es gibt Seminare, in denen eine Vorgehensweise trainiert wird, mit der wir uns selbst oder eine Idee in kürzester Zeit so darstellen, dass wir das Interesse anderer wecken. Die Seminarteilnehmer sollen die sehr kurze Zeit, die wir in der Regel brauchen, um uns einen Eindruck von jemandem zu verschaffen, dazu nutzen, um etwas zu verkaufen oder vorzustellen. Die klassische Aufgabe dabei lautet: »Stellen Sie sich innerhalb von 30 Sekunden so vor, dass Ihr Gegenüber Interesse hat, Sie näher kennenzulernen.« Auf einem Kongress begegnete ich einmal einem Anbieter eines 30-Sekunden-Coachings. Der Experte sagte: »In 30 Sekunden kann ich Ihre Schwächen und Ihre Stärken erkennen.« Auch wenn ich das für etwas ambitioniert halte, ist es dennoch richtig, dass in diesem kurzen Zeitraum unglaublich viele Informationen fließen.

Wenn wir in Kontakt mit anderen treten, bekommen wir einen ersten schnellen Eindruck. Wir versuchen einzuschätzen, ob es der Person gut geht oder schlecht, ob sie die Wahrheit spricht oder nicht. Wir ordnen ein: Mögen wir diese Person, mag *uns* diese Person, trauen wir ihr etwas zu. Das passiert mit Fremden wie mit Vertrauten. Wir versuchen die Spuren zu lesen, die Stimmlage, Körperhaltung, Mimik oder auch die Tonlage. Diese Signale machen einen Großteil unseres ersten emotionalen Eindrucks bei einer Person aus. Nonverbale Signale sind entscheidend für unsere Reaktion auf den anderen. Das Lesen von Spuren im Gesicht gibt uns Orientierung, wie wir den anderen einzuschätzen haben. Zusammengezogene Augenbrauen zeigen zum Beispiel sofort an, dass mein Gegenüber Zweifel hat, und eine gebeugte Haltung spricht eher für ein schwaches Selbstbewusstsein. Es gibt heute jede Menge Bücher und Seminare, die das Lesen der Körpersprache vermitteln, mit Titeln wie: »Ich kann Ihre Gedanken lesen.« Das ist vielleicht eher etwas hoch gegriffen, aber interessante Informationen können wir der Körpersprache, dem äußeren Erscheinungsbild einer Person, sehr wohl entnehmen.

Ein anderer Beweis für unsere schnelle Auffassungsgabe, vor allem hinsichtlich der Körpersprache, ist der Umstand, dass wir sofort erkennen können, ob jemand ein echtes Lachen zeigt oder nur ein höfliches. Und das, obwohl ein Lachen in der Regel nur Sekunden dauert. An der Universität in Zürich gibt es ein Forscherteam um Prof. Wilibald Ruch, das seit 15 Jahren das Thema Humor untersucht.[39] Dabei wurde nicht nur geforscht, über welche Witze gerne gelacht wird. Es wurde auch untersucht, welche Muskeln bei einem echten Lachen involviert sind und welche bei einem falschen Lächeln wegfallen. Beispielsweise sind die Fältchen neben den Augen ein gutes Indiz für echtes Lachen. Allein 32 Muskelgruppen um Augen und Mund (von übrigens 135 am gesamten Körper) sind an einem echten Lachen beteiligt. Das Interessante ist, dass wir unabhängig von dieser numerischen Erforschung ein echtes Lachen fast immer intuitiv innerhalb einer Hundertstel Sekunde identifizieren können.

SPURENLESEN IM ALLTAG
Versuchen Sie einmal in der U-Bahn, im Bus oder an anderen öffentlichen Plätzen, Menschen und ihre Körpersprache zu beobachten. Was nehmen Sie wahr? Welchen Beruf, glauben Sie, hat die Person? Welche Hobbys? Hat sie ein Haustier? Wie wohnt sie? Lassen Sie Ihren Analysefähigkeiten freien Lauf!

Doch wie genau funktioniert das? Wie schaffen wir es, diese Menge von Informationen in so kurzer Zeit zu verarbeiten? Der Grund für die unglaublich schnelle und effektive Verarbeitung von Informationen liegt in unserer Natur. In unserem Bedürfnis nach Sicherheit. Damit der Mensch überleben kann, muss er schnell erkennen können, ob Gefahr lauert oder nicht. Waren unsere Vorfahren aus der Steinzeit auf der Jagd, mussten sie in der Lage sein zu erkennen, ob das wilde Tier sie fressen will, es ungefährlich ist oder möglicherweise eine gute Beute. Auch heute noch müssen wir im Bruchteil von Sekunden eine Bedrohung einschätzen können, beispielsweise, wenn uns nachts eine Person im Dunkeln entgegenkommt. Es ist wichtig, schnell entscheiden zu können, ob es sinnvoll ist, nichts zu machen, in Konfrontation mit dem Gegenüber zu gehen oder auszuweichen. Müssten wir alle Informationen einzeln verarbeiten, wäre das möglicherweise viel zu langwierig, und eventuell wären wir schon Opfer eines Überfalls.

Gleich und Gleich gesellt sich gern

Die Fähigkeit des instinktiven Lesens von Zeichen, Verhaltensweisen und Codes informiert uns über potenzielle Gefahren und beschützt uns davor.

Das hat nicht nur etwas mit Lebenserfahrung zu tun. Wir haben eine biologische Veranlagung, die uns dabei unterstützt, uns in den anderen hineinzuversetzen, die sogenannten Spiegelneuronen. Giacomo Rizzolatti, Chef des Physiologischen Instituts der Universität in Padua, hat entdeckt, dass diese Nervenzellen uns durch Nachahmung helfen wahrzunehmen, was unser Gegenüber empfindet.[40] Wenn wir also anfangen zu gähnen, haben wir schnell den ein oder anderen Nachahmer in Sichtweite – und wenn wir den Kopf abstützen während eines Gesprächs, passiert es häufig, dass unser Gegenüber das Gleiche macht. Das erzeugt bei uns Sympathie, weil wir eine vertraute Geste oder Bewegung sehen. Wenn sich Paare also mit der Zeit immer ähnlicher werden (und ich meine dabei nicht das Tragen von identischen, knallbunten Outdoorjacken, sondern ein Annähern auf der Ebene der Gesten und Sprache), dann hat das mit den Spiegelneuronen zu tun. Auch bei Eltern und ihren Kindern kann man beobachten, dass der Nachwuchs häufig Bewegungsmuster der Erwachsenen nachahmt. Ein Kollege von mir kratzt sich beispielsweise immer an einer bestimmten Stelle zwischen Hinterkopf und Ohr, wenn er unsicher wird. Mittlerweile macht es sein Sohn genauso.

Die Erkenntnisse aus der Neurobiologie haben indessen auch in vielen Unternehmen Einzug gehalten. Verkäufern wird beigebracht, ihre Kunden zu »spiegeln«, um einen sympathischeren Eindruck zu machen. Achten Sie bei den nächsten Preisverhandlungen im Autohaus oder beim Einkauf in der Modeboutique mal darauf, ob Ihr Gegenüber Sie spiegelt – also sich darum bemüht, Ihre Gesten und Ihre Körperhaltung nachzumachen, und damit auf Sympathiesignale hofft. Machen Sie sich einen Spaß daraus, und führen Sie merkwürdige Bewegungen aus, vielleicht beobachten Sie ja genau diese bei Ihrem Gegenüber. Auch Führungskräften wird längst immer wieder empfohlen, dieses Phänomen für sich zu nutzen. Unter dem Begriff »pacing und leading«[41] wird vorgeschlagen, durch Nachahmung des Verhaltens der Mitarbeiter deren Vertrauen zu gewinnen. Das kann sich auf die Körpersprache, die Mimik, aber auch die Stimmlage beziehen. Probieren Sie es aus! Schlagen Sie im Meeting die Beine übereinander, oder verschränken Sie die Arme, und beobachten Sie, wie sich Ihr Gegenüber verhält. Oder spiegeln Sie einen Kollegen bei einer passenden Gelegenheit, und beobachten Sie das Verhalten der Person! Bedenken Sie aber auch, dass Ihr Gegenüber sehr sensibel für authentisches Verhalten ist – und dass Ihr Verhalten schnell als Manipulationsversuch interpretiert werden kann.

Neben der Fähigkeit, den anderen schnell zu erfassen und zu erkennen, haben die Spiegelneuronen noch einen anderen ganz entscheidenden Vorteil: Sie ermöglichen uns, dass wir die Handlungen der anderen Menschen kurzfristig vorhersagen können. Wir erkennen also, ob mein Gegenüber links an mir vorbei will oder rechts, ob jemand gerade nach demselben Gegenstand greifen will wie ich oder mir etwas reichen will. Dadurch vermeiden wir es, ständig andere anzurempeln oder ihnen auf die Füße zu treten. Außerdem müssen wir uns nicht über jeden Vorgang austauschen, sondern erkennen die Situation. Fußballer erahnen beispielsweise schon, wohin ihr Mitspieler gleich laufen wird, und spielen den Pass genau in die Lücke, in der gerade niemand steht. Im Straßenverkehr erkennen wir in der Regel, ob ein Fußgänger auf dem Bürgersteig gleich loslaufen wird oder nicht. Wenn wir unter vielen Menschen sind, dann ist es ungleich schwerer, den anderen immer bewusst aus dem Weg zugehen, und es erfordert unsere volle Aufmerksamkeit. Viel einfacher ist es, wenn wir ganz intuitiv in die Menge schauen. Da spüren wir durch kleine Signale sehr schnell, ob der andere rechts oder links an uns vorbeigehen möchte. Wir müssen also nicht alles bewusst wahrnehmen, sondern können über Informationen verfügen, die uns schnelle Orientierung und Sicherheit bei unseren alltäglichen Handlungen geben. Wie diese Vorausahnung funktioniert? Durch die Tatsache, dass wir aufgrund von Erfahrungen schon aus einem kleinen Ausschnitt einer Bewegung uns einen gesamten Bewegungsablauf vorstellen können. Dabei können wieder durchaus unterschiedliche Wahrnehmungen entstehen – durch die jeweiligen Erfahrungen, die ja als Grundlage dienen und die jeder Einzelne von uns gemacht hat. Hat der Mensch eine Erfahrung gemacht, die nicht in das Bild passt, dann wird er andere Schlüsse ziehen. Deshalb ist es hilfreich, intellektuell zu überprüfen, ob unsere Intuition richtig ist. Es gibt nur einen Haken in Bezug auf eine solche Genauigkeit: Der Intellekt ist deutlich langsamer als die Intuition.

Sind wir nun, wie viele von uns regelmäßig, in Stress oder in Eile, dann hat das auf die Spiegelneuronen eine negative Auswirkung. Sie verlieren an Leistungsfähigkeit. Ein klassisches Phänomen: Menschen unter Stress oder erhöhter Müdigkeit zeigen deutlich weniger Empathie. Wir haben dann keine Kapazitäten mehr, die Signale unseres Gesprächspartners wahrzunehmen. So fällen wir in Stress- oder Erschöpfungssituationen manchmal merkwürdige Entscheidungen oder ziehen falsche Rückschlüsse. Wenn wir beispielsweise ein Meeting nach einem ausgiebigen Mittagessen haben und alle Teilnehmer etwas unbeteiligt sind, passiert es uns leicht, dass wir denken, es interessiere die Teilnehmer nicht, was wir gerade in der sorgfältig vorbereiteten Powerpoint-Präsentation darstellen. Doch möglicherweise schätzen wir die Situation aufgrund unserer Müdigkeit falsch ein, denn es ist genauso wahrscheinlich, dass sich gerade alle Teilnehmer der Runde im Schnitzelkoma befinden, dieser plötzlich einfallenden mittäglichen Müdigkeit nach einem schweren Essen.

WIE SEHE ICH MICH, UND WIE SEHEN MICH DIE ANDEREN?

Im Anhang auf Seite 229 finden Sie eine Reihe von Begriffspaaren, die Eigenschaften eines Menschen beschreiben. Kopieren Sie diese Seite einige Male und füllen Sie die Liste zunächst für sich selbst aus! Finden Sie sich eher humorvoll oder ernst? Sind Sie eher ordentlich oder chaotisch? Und so weiter. Geben Sie dann die noch nicht ausgefüllte Liste ein paar Menschen, von denen Sie gern eine Rückmeldung hätten. Bitten Sie sie, ihren Eindruck von Ihnen als Person festzuhalten. Vergleichen Sie dann die beiden Listen!

ZUSAMMEN IST MAN WENIGER ALLEIN – WIE VIEL(E) BEZIEHUNG(EN) BRAUCHE ICH?

Welche elementare Bedeutung Beziehungen in unserem Leben haben, erkennen wir leicht an der Tatsache, dass die ganz besonders schönen und die ganz besonders schlimmen Momente in unserem Leben sehr häufig in Verbindung mit einer Beziehung zu anderen Menschen stehen – wie zum Beispiel bei einem besonderen Konzert oder einem schönen Sonnenuntergang. In diesen Momenten wünschen wir uns in der Regel, das Erlebte mit jemandem teilen zu können. Unsere Emotionen sind verwoben in einem Netz von Erwartungen, Wünschen und Bedürfnissen, die wir an unsere Mitmenschen stellen – und die unsere Mitmenschen an uns haben. Es ist uns schier unmöglich, uns isoliert von anderen zu betrachten.

Doch was bedeuten uns Beziehungen? Welche Rolle spielen Beziehungen in unserem Leben? Wie kann ich es schaffen, mein Wesen und meine Bedürfnisse in ein gutes und gesundes Miteinander zu übertragen?

Wir führen in unserem Leben eine große Anzahl von sehr unterschiedlichen Beziehungen, die verschiedene Anforderungen, Erwartungen und Ausdruckweisen mit sich bringen. Sie alle hier aufzuzählen würde den Rahmen dieses Kapitels sprengen.

Aber betrachten wir an dieser Stelle die wesentlichen Beziehungen des Alltags:

- berufliche Beziehungen
- familiäre Beziehungen
- freundschaftliche Beziehungen
- Liebesbeziehungen

Berufliche Beziehungen

Die beruflichen Beziehungen, also jene Beziehungen, die wir am Arbeitsplatz pflegen, haben wir uns nicht unbedingt alle selbst ausgewählt. Wir konnten zwar im Rahmen des Bewerbungsprozesses möglicherweise den ein oder anderen Kollegen kennenlernen, doch das Umfeld ändert sich schnell, ein Kunde kann einem das Leben schwermachen oder ein neuer Kollege kommen. Darauf haben wir wenig Einfluss. Das Besondere ist, dass wir mit diesen Menschen meistens mehr Zeit als mit unseren Freunden oder Lebensgefährten verbringen. So kommt es, dass Ärger am Arbeitsplatz häufig zu einer starken psychischen Belastung führt. Wir können diesen Menschen nicht aus dem Weg gehen, wir müssen mit ihnen zusammenarbeiten – egal, wie toll oder wie unangenehm wir sie gerade finden.

Ein schlechtes Verhältnis mit der Führungskraft ist einer der häufigsten Kündigungsgründe. Und umgekehrt ist eine angenehme Atmosphäre zwischen den Kollegen und dem Vorgesetzten eines der Hauptkriterien bei der Auswahl eines zukünftigen Arbeitgebers. Der Vorteil von beruflichen Beziehungen ist, dass die Erwartungen im Idealfall ziemlich klar definiert sind. Das Team ist aufgefordert, gemeinsame Ziele zu erreichen und Probleme und Herausforderungen zu bewältigen. Umgangsformen und Kommunikationsstil unterscheiden sich allerdings stark von anderen Beziehungen. In der Regel wird ein förmlicherer Umgangston gepflegt.

BERUFLICHE BEZIEHUNGEN

Schreiben Sie alle Kollegen auf, mit denen Sie zu tun haben! Überlegen Sie sich, welche Beziehungen Sie zu diesen Kollegen haben. Verwenden Sie eine Skala von 1 bis 10, und bewerten Sie die Beziehungen (1 = fühle mich sehr unwohl mit dieser Person und 10 = bin total glücklich, wenn ich diesem Menschen begegne).

Sie können dabei die allgemeine Stimmung an Ihrem Arbeitsplatz anschauen (alle Kollegen) oder nur die Menschen, mit denen Sie am engsten arbeiten, oder auch das Arbeitsumfeld (Kunden, Zulieferer etc.). Wo liegt Ihr Durchschnittswert? Wie wohl fühlen Sie sich mit jenen Menschen, mit denen Sie in beruflichem Kontakt stehen? Überdenken Sie Ihre Beziehungen bei all jenen Kontakten, die einen Wert von niedriger als 5 erzielt haben. Vielleicht bekommen Sie in den folgenden Kapiteln ein wenig Inspiration dazu.

Familienbeziehungen

Viele unserer Beziehungen können wir uns nicht aussuchen. Das gilt nicht nur für den Beruf, sondern erst recht für die bucklige Verwandtschaft. Wir werden in unsere Familie hineingeboren, diese Menschen begleiten uns oft schon vom ersten Tag unseres Lebens an. Die frühe Prägung unserer Persönlichkeit durch die Familie, im Guten wie im Schlechten, und die Art, wie wir unsere Familienbeziehungen führen, sind sehr bedeutend für unsere Persönlichkeitsentwicklung. Wir lernen in der Familie, wie wir Konflikte austragen, wie wir unserer Liebe Ausdruck geben, wie wir uns gegenseitig unterstützen können und wie Bedürfnisse und Grenzen kommuniziert und verhandelt werden. Das Konstrukt Familie ist aber heute ein anderes als noch vor 50 Jahren. Bestand die Familie damals klassisch aus Vater, Mutter und Kindern, gibt es heute die verschiedensten Formen, von der Patchwork- und der Regenbogenfamilie über Alleinerziehende bis hin zu Familien, die in zwei unterschiedlichen Orten wohnen. Nur die Großfamilie, wie sie zu Beginn des 20. Jahrhunderts noch von Bedeutung war, spielt heute kaum mehr eine Rolle. Mittlerweile wächst jedes fünfte Kind in einer Teilfamilie auf.

Diese Veränderung der Familienstrukturen – die auch auf eine Veränderung der Bedeutung von familiären Werten hinweist – geht einher mit einem anderen Trend. Nämlich, dass Familie zunehmend durch Freundschaften ersetzt wird. Das hat möglicherweise auch mit unserem großen Wunsch nach Unabhängigkeit und Freiheit zu tun. Wir wollen uns keine Beziehungen vorschreiben lassen, also auch keine Familienbande. Es zeigt sich allerdings auch, dass das Konstrukt »Freunde als Familienersatz« in Krisenzeiten nicht immer so tragfähig und bindend ist wie in einer »echten« Familie. Wird eine Pflege im Krankheitsfall notwendig oder geht es um Unterstützung bei finanzieller Bedürftigkeit, sind Familienangehörige schnell in der Verantwortung. Unabhängig von der Qualität des Verhältnisses zwischen Eltern und Kindern können Letztere bei finanzieller Not zur Unterstützung sogar aufgrund geltender Gesetze herangezogen werden.

Familie ist und bleibt ein enorm wichtiger Faktor in unserem Beziehungsgeflecht. Mit allen Rollenverteilungen. In einer Familie haben wir eventuell sogar unterschiedliche Rollen. Wir sind vielleicht Kind und Elternteil zugleich. Wir haben Geschwisterrollen und sind mal Tante und mal Großmutter. Familien haben gemeinsame Erfahrungen gesammelt, die verbinden (was positiv und negativ sein kann). Familien haben gemeinsame Herausforderungen geschafft oder auch nicht. Und selbst in Familien, die überhaupt nicht funktionieren und die sich frühzeitig getrennt haben, sind die familiären Erfahrungen prägend für das ganze Leben.

FAMILIÄRE BEZIEHUNGEN
Manchmal ist es uns gar nicht so bewusst, wer in der Verwandtschaft welche Rollen und Einflüsse hat. Nehmen Sie sich doch mal ein Blatt Papier und malen Sie einen Familienstammbaum auf! Notieren Sie auch Tanten und Onkel, Cousins oder Nichten und Neffen. Nehmen Sie dann verschiedenfarbige Stifte und kennzeichnen Sie jene Familienmitglieder, mit denen Sie sich gut verstehen, und jene, mit denen die Beziehung vielleicht etwas holprig ist. Welche Menschen sind für Sie besonders wichtig? Mit wem teilen Sie schöne Erinnerungen? Möglicherweise haben Sie jemanden, mit dem Sie sich über diese Darstellung austauschen können. Vielleicht hat diese Person eine andere Wahrnehmung der Situation.

Freundschaftliche Beziehungen

Der große Unterschied von freundschaftlichen Beziehungen zu familiären oder beruflichen liegt in der Tatsache, dass wir Erstere freiwillig aufbauen. Und obwohl sie immer mehr an Bedeutung für uns gewinnen, sind sie wissenschaftlich überraschend wenig erforscht. So gibt es trotz verschiedenster Forschungsarbeiten keine einzige eindeutige Definition von Freundschaft. Einig sind sich die Wissenschaftler nur darin, dass wir mit Freunden gemeinsame Interessen und Aktivitäten teilen, dass gegenseitiges Vertrauen besteht, Hilfestellung in schwierigen Zeiten erwartet wird. Dass Freunde Menschen sind, deren Gesellschaft wir genießen und mit denen wir uns wohlfühlen. So viel zur mageren Theorie.

Doch was genau bedeutet Freundschaft für uns konkret? Welche Kategorien sind uns wichtig? Wir haben eine Sandkastenfreundin, einen Studienfreund oder auch einen Kollegen als Freund. Facebook hat den Begriff »Freund« inflationär gemacht (und bei Twitter gibt es dann nur noch »follower«), Jugendliche sprechen heute gerne von BFF (»best friends forever«) – und tauschen den allerbesten Freund dann gerne alle zwei Jahre aus. So weit, so normal, so undurchdringbar. Die beiden Wissenschaftler Michael Argyle und Monika Henderson[42] haben in einer Forschungsarbeit schon in den Achtzigerjahren gezeigt, dass viele Menschen lediglich ein bis zwei beste Freunde haben. Bei engeren Freunden werden im Durchschnitt fünf genannt und bei Freunden allgemein rund 15. Es gibt leider keine aktuellen vergleichbaren Daten oder Untersuchungen — aber es wäre spannend festzustellen, ob diese Zahlen auch heute noch Gültigkeit haben, unterm Strich, trotz Facebook und Freizeitdruck.

Was die Wissenschaft mittlerweile tatsächlich nachgewiesen hat: Freundschaften garantieren eine gute soziale Einbindung im Alter, sie verbessern die Lebenszufriedenheit wie auch die Lebensdauer deutlich.[43] Es ist also sinnvoll, sich schon frühzeitig einen guten und unterstützenden Freundeskreis aufzubauen. Freundschaften sind aber auch deshalb so wichtig, weil man mit ihnen sein eigenes Selbst immer wieder reflektieren und erforschen und ein Verständnis für andere Menschen entwickeln kann.

FREUNDSCHAFTLICHE BEZIEHUNGEN
Schreiben Sie Ihre Freunde auf eine Liste! Markieren Sie Ihre besten Freunde oder Ihre engen Freunde! Überlegen Sie sich jeweils einen Begriff für diese spezifische Freundschaft. Denken Sie kurz darüber nach, ob es Menschen gibt, die Sie eigentlich zu Ihren Freunden zählen, bei denen Sie sich aber schon lange nicht mehr gemeldet haben. Womit könnten Sie Ihren engen Freunden in den nächsten Wochen eine besondere Freude machen? Vielleicht ist diesen Freunden gar nicht bewusst, was sie Ihnen bedeuten. Erzählen Sie es ihnen. Oder gibt es in Ihrem Freundeskreis auch Personen, die Sie nur aus Höflichkeit zu Ihren Freunden zählen? Warum ist das so?

Liebesbeziehungen

Der Unterschied zwischen einer Freundschaft und einer Liebesbeziehung ist häufig nur der Sex – sagt mein Mann. Guter Sex hilft auf jeden Fall, eine Liebesbeziehung zu bereichern. Aber ist das alles? Liebesbeziehungen – nennen wir sie mal Partnerschaften – haben eine ganz besondere Stellung in unserem Leben. Sie sind die Quelle für extremes Glück und extremes Leid, sie sind Thema unendlich vieler Bücher, Filme und Theaterstücke. Sie werden glorifiziert und verteufelt. Sie sind ein privater wie gesellschaftlicher Motor. Vor allem aber sind sie ein Bild von teilweise irrwitzigen Interpretationen und Überzeichnungen. Selbst das Bild von Liebesbeziehungen, das seit Jahrzehnten in unzähligen romantischen Filmkomödien mal mehr, mal weniger modern kommuniziert wird, ist durchweg salonfähig. Es gibt immer alltägliche Verwicklungen, die an das Leben der Zeit angepasst sind, aber es gibt auch immer den Mann, der am Ende die Frau erobert, den Partner, der die Fehler seines Gegenübers akzeptiert, und Menschen, die den anderen genau so lieben, wie er ist, bis an das Lebens- und Liebesende. Es wird der Irrglauben geweckt, dass Beziehungen, wenn die beiden erst mal zueinandergefunden haben, glücklich und problemlos verlaufen. Tucholsky zeigt dagegen in seinem wunderbaren Gedicht »Danach« sehr treffend, was er von einem solchen Happy End hält:

»Danach« von Kurt Tucholsky

Es wird nach einem happy end
im Film jewöhnlich abjeblendt.
Man sieht bloß noch in ihre Lippen
den Helden seinen Schnurrbart stippen –
da hat sie nun den Schentelmen.
Na, und denn –?

Denn jehn die beeden brav ins Bett.
Na ja… diß is ja auch janz nett.
A manchmal möcht man doch jern wissen:
Wat tun se, wenn se sich nich kissen?
Die könn ja doch nich immer penn …!
Na, und denn –?

Denn säuselt im Kamin der Wind.
Denn kricht det junge Paar'n Kind.
Denn kocht sie Milch. Die Milch looft üba.
Denn macht er Krach. Denn weent sie drüba.
Denn wolln sich beede jänzlich trenn...
Na, un denn –?

Denn is det Kind nich uffn Damm.
Denn bleihm die beeden doch zesamm.
Denn quäln se sich noch manche Jahre.
Er will noch wat mit blonde Haare:
vorn doof und hinten minorenn...
Na, un denn –?

Denn sind se alt.
Der Sohn haut ab.
Der Olle macht nu ooch bald schlapp.
Vajessen Kuß und Schnurrbartzeit –
Ach, Menschenskind, wie liecht det weit!
Wie der noch scharf uff Muttern war,
det is schon beinah nich mehr wahr!

Der olle Mann denkt so zurück:
wat hat er nu von seinen Jlück?
Die Ehe war zum jrößten Teile
vabrühte Milch un Langeweile.
Und darum wird beim happy end
im Film jewöhnlich abjeblendt.

Quelle: Kurt Tucholsky: Gedichte in einem Band (2006), Frankfurt/M, S. 856 ff

Die romantische Komödie, die seit Ende der 1980er-Jahre stark in Mode gekommen ist, hat die Erwartungen an eine Liebesbeziehung einer ganzen Generation von jungen Menschen beeinflusst. Unabhängig vom Kitsch- oder Retrofaktor eines solchen (Film-)Bildes können wir uns – wenn wir neue Umfragen analysieren – schon die Frage stellen: Träumt vielleicht immer noch jedes Mädchen diesen Traum der ewigen Liebe und harmonischen Bindung? Von den 14- bis 29-Jährigen sagen heute immerhin 75 Prozent, dass das Liebesversprechen der Hauptgrund sei, warum sie heiraten. Zugegeben, das ändert sich dann mit dem Alter der Befragten, aber selbst bei den 40- bis 49-Jährigen ist es immer noch knapp die Hälfte.

Was macht eine gute Partnerschaft aus? Laut einer amerikanischen Studie ist die Beständigkeit einer Beziehung wesentlich davon abhängig, ob die Frau in der Beziehung glücklich ist (»Happy Wife – Happy Life«).[44] Oder sind es doch rationalere Gründe, zum Beispiel die Ähnlichkeit von Partnern, die eine Beziehung erfolgreich machen? Nach dem Motto: Gleich und Gleich gesellt sich gerne.

Paul Eastwick[45], ein US-amerikanischer Psychologe, hat festgestellt, dass die tatsächlichen Ähnlichkeiten keine Rolle spielen für den Erfolg einer Beziehung. Weder die sich ähnelnden noch die unterschiedlichen Partner haben größere Chancen, dass die Beziehung funktioniert. Vielmehr geht es um wahrgenommene Ähnlichkeiten, die völlig unabhängig von den tatsächlichen sein können. So kann beispielsweise die Tatsache, dass beide die gleiche Zeitung lesen, mehr Ähnlichkeit erzeugen als die reale politische Einstellung der beiden Personen. Ähnlichkeit wird zumindest als sympathisch wahrgenommen. So ist es auch zu erklären, dass sich Paare, die lange zusammen sind, immer ähnlicher werden. Vor einiger Zeit erschien ein Artikel in der Frankfurter Allgemeinen Zeitung, der das Zusammenwachsen von Paaren mit einer längeren gemeinsamen Geschichte beschrieb. Dieses Phänomen wurde in der sachlichen, aber irgendwie auch romantischen Überschrift zusammengefasst: »Ich bin viel Du geworden.«[46]

Zwischen der sachlichen Beschreibung einer Liebesbeziehung und dem Traumschloss samt Märchenprinz oder -prinzessin gibt es unzählige Zwischenformen vom Verständnis einer guten Liebesbeziehung. Die Diskussion wird noch unzählige Generationen nach uns beschäftigen. Fest steht nur, dass viele verschiedene Faktoren und das gewisse »Etwas« eine Liebe einzigartig machen. Belassen wir es vielleicht an dieser Stelle dabei.

LIEBESBEZIEHUNG

Partnerschaften stehen immer in hohem Maße in dem Spannungsfeld: Zu wie viel Anpassung an den anderen bin ich bereit, und wie viel bestehe ich auf jenen Dingen, die mir wichtig sind? Paare gleichen sich über die Zeit an, und dennoch ist es wichtig, dass jeder seine Eigenart behält. Wie viel davon schaffen Sie in Ihrer Partnerschaft? Welche Werte und Inhalte sind Ihnen wichtig und sind unverrückbar – und in welchen Bereichen sind Sie kompromissbereit? Wo kommen Sie Ihrem Partner entgegen, und wo kommt Ihr Partner Ihnen entgegen? Wie viel dürfen Sie Sie sein in Ihrer Beziehung?

Eins, zwei, drei ... viele – Wie viele Beziehungen brauche ich eigentlich?

Berufliche und familiäre Beziehungen, Freundschafts- und Liebesbeziehungen (und diese kurze Auflistung ist natürlich nicht vollständig, da es ja zum Beispiel auch nachbarschaftliche Beziehungen oder Beziehungen im Verein gibt) – betrachten wir die verschiedenen Arten von Beziehungen, wird uns bewusst, wie viele persönliche Verknüpfungspunkte wir in unserem Alltag haben. Meist mehr, als wir erwarten.

Alle diese Beziehungen sind, wie bereits in der Einleitung beschrieben, für das Individuum von grundsätzlicher Bedeutung – nicht nur, um sich wohler zu fühlen, sich versorgen zu können und im Notfall Unterstützung zu bekommen. Ein Mangel an sozialen Kontakten hat darüber hinaus sogar gesundheitliche Folgen. Der Mensch kann seine Fähigkeiten also erst im Austausch mit den anderen entfalten. Jedoch habe ich manchmal den Eindruck, dass viele von uns heutzutage das Gefühl haben: je mehr, desto besser.

Ein Blick auf die »Kontakte« des Smartphones offenbart einen Einblick, wie viele Beziehungen wir pflegen. Natürlich sind diese Kontakte alle sehr unterschiedlich eng und intensiv. Es gibt auch ausgeprägte Beziehungskünstler. Sie halten locker 30 Kontakte auf einem Niveau, das verbindlich ist und Freude bereitet. So habe ich eine Freundin, die allein aufgrund ihrer verstrickten Familienverhältnisse so viele Halbgeschwister hat, dass es mir schwerfällt, den Überblick zu bewahren. Und mit allen steht sie neben einer großen Anzahl von Freunden regelmäßig in Kontakt.

Allein alle WhatsApp-Nachrichten und E-Mails zu beantworten ist für den ein oder anderen von uns schon eine Herausforderung. Für mich zum Beispiel. Immer wieder ergeben sich in meinem Freundes- und Bekanntenkreis Diskussionen, wie viel Zeit vergehen darf, bis eine Nachricht beantwortet werden muss. Es gibt einige, bei denen sich ein Gefühl des Desinteresses oder der Ablehnung breitmacht, wenn sie nicht innerhalb von 30 Minuten eine Antwort bekommen. Ich persönlich finde es jedoch anstrengend, dieser Anforderung gerecht zu werden, und entziehe mich ihr immer wieder bewusst. Gewiss ist regelmäßiger Kontakt ein Zeichen für Beziehungen. Doch das muss wohl jeder für sich so gestalten, dass es zu ihm passt.

Dieser kurze Exkurs in die Welt der modernen elektronischen Kommunikation zeigt, wie verzwickt das Thema allein auf dieser Ebene ist. Wie aber ist es mit dem »realen«, also dem physisch anwesenden Kontakt? Wie oft treffen Sie sich mit Freunden, der Familie oder gehen mit Ihrem Partner, Ihrer Partnerin aus? In einer Studie aus dem Jahre 2014 wurden die Deutschen zu ihrem Freizeitverhalten befragt. Die Ergebnisse waren einigermaßen ernüchternd. Es wurde festgestellt, dass nur noch sieben Prozent der Befragten regelmäßig Freunde einladen oder von Freunden eingeladen werden. Vor zwanzig Jahren war dieser Wert noch viermal so hoch (28 Prozent).

Wenn man der Nähe die Ferne nimmt – Nähe und Distanz in Beziehungen

Die Möglichkeiten des regelmäßigen Kontakts haben auch mit der räumlichen Nähe zu tun. Ein gemeinsamer Abend mit Freunden, ein Tag mit Kollegen, die wir im Büro sehen, oder die Zeit mit dem Partner, mit dem wir die Wohnung teilen, schaffen gemeinsame Erfahrungen, auf die wir uns beziehen können. Im Rahmen der modernen Arbeitswelt der Globalisierung und Internationalisierung hat sich auch die räumliche

Nähe in unseren Beziehungen verändert: Die beste Freundin macht gerade ein Projekt in Asien, der neue Job vom Partner ist während der Woche in einer anderen Stadt, die Großfamilie ist über ganz Deutschland verteilt, und das neue Aufgabengebiet wird womöglich von einem internationalen, virtuellen Team in Angriff genommen.

Es würde nun naheliegen zu behaupten, dass es durch die sozialen Medien leichter geworden ist, diese weit gestreuten Beziehungen zu pflegen. Doch das könnte auch zu kurz gedacht sein. Durch WhatsApp, Facebook, Instagram und Twitter wissen wir zwar mehr über die Menschen, die wir mehr oder weniger kennen, aber doch nur die Dinge, die gepostet oder gepinnt werden. Wenn es persönlicher wird, dann meistens nur im Stakkato der Textnachrichten. Zugegeben: Wenn die Schwägerin auf den Philippinen lebt und eine Freundin in Bangkok, der Sohn gerade in Amerika ein Praktikum macht und der Bruder in Neuseeland eine Auszeit nimmt, können Skype und Co. extrem hilfreich sein, um Beziehungen zu pflegen. Es geht jedoch um ein bewusstes Nutzen dieser neuen Mittel, um ein Verhindern von »information overload« – also dem regelrechten Überladen von Informationen und Meldungen, die einen Nutzer nicht mehr durchblicken lassen und das Setzen von Prioritäten zu einer echten Herausforderung machen.

Unabhängig von Fragen der geografischen Distanz und effizienten Kommunikationsmittel ist es wichtig für uns zu überprüfen, wie viel Nähe und Distanz wir tatsächlich in unseren Beziehungen haben wollen. Wir alle haben ein intuitives Empfinden für den Abstand, der uns guttut, ähnlich wie wir ein intuitives Gefühl haben, ob ein körperlicher Abstand beim gemeinsamen Gespräch angemessen ist oder nicht.

Das persönliche Bedürfnis nach Nähe und Distanz variiert nicht nur je nach der Person, mit der wir zusammen sind, der Kultur, in der wir aufgewachsen sind,[47] sondern auch nach der Stimmung, in der wir uns gerade befinden. An Tagen, an denen wir wohlgelaunt sind und offen, lassen wir die Menschen näher an uns heran (sowohl räumlich als auch emotional). Dem gleichen Menschen kann diese Nähe aber an einem anderen Tag vorkommen wie eine regelrechte Bedrängnis. Denken Sie nur an Weihnachten und andere obligatorische Familienfeste: Die einen wollen jede kostbare Minute des Beisammenseins nutzen, die anderen brauchen immer wieder ein wenig Abstand und eine Rückzugsmöglichkeit, um die Nähe genießen zu können – was meist zum obligatorischen Familienstreit während der Weihnachtsfeiertage führt. Oder im Berufsleben: Da ist der Kollege, der gerne alles, was er erledigen muss, mit seinen Kollegen teilen möchte, und der andere, der am liebsten ruhig für sich arbeitet und es hasst, wenn er schon wieder in ein Meeting muss. Am deutlichsten wird dieses Nähe-Distanz-Thema in Liebesbeziehungen, da hier der Wechsel zwischen besonderer Nähe und Distanz am stärksten ist. Der Lebenspartner, der Nähe als Zeichen von Liebe versteht und dem anderen keinen Raum lässt für seine Bedürfnisse, erzeugt möglicherweise beim Partner Aggressionen aufgrund des mangelnden individuellen Freiraums. Zu viel Nähe kann Abgrenzung provozieren. Wir fühlen uns eingeengt und brauchen mehr Raum, mehr Möglichkeiten, uns frei und unabhängig bewegen zu können. Umgekehrt sind Phasen der Distanz extrem hilfreich, da wir zum Beispiel durch den Abstand erkennen können, was wir am anderen schätzen und lieben. So wie es der Autor und Philosophieprofessor Byun Chul Han formulierte: »Wenn man der Nähe die Ferne nimmt, verflacht sie zur Abstandslosigkeit.«

Immer wenn ich mehrere Tage hintereinander auf Geschäftsreise bin und zurückkomme, ist mein Mann voller Bewunderung und Respekt für all die vielen Dinge, die ich sonst immer organisiere, die er aber im Alltag nicht so deutlich wahrnimmt. Wenn er mal wieder zu viel kritisiert, mache ich gerne eine längere Geschäftsreise – und alles ist wieder wunderbar. Ein einfaches Beispiel, das unserer Beziehung schon häufig geholfen hat.

NÄHE – DISTANZ

Wann brauchen Sie Nähe? Wie drückt sich das aus? Was bedeutet für Sie Nähe? In welchen Ihrer Beziehungen fällt es Ihnen schwer, Nähe zuzulassen? Gibt es Beziehungen, in denen Sie viel Nähe erfahren? Und wie reagieren Sie, wenn Ihnen jemand zu nah kommt?

Die gleichen Fragen lassen sich auch mit dem Stichwort »Distanz« durchdenken.

Möglicherweise brauchen wir manchmal auch so viel Distanz, dass wir am liebsten allein sein wollen. Das ist kein Zeichen von mangelnder Liebe den anderen gegenüber. Vielmehr ist es ein Zeichen von Liebe zu sich selbst. Wir brauchen Zeiten ohne äußere Impulse, damit unser Gehirn sich regenerieren kann. Damit wir wieder zu uns kommen und unsere ganz persönlichen Bedürfnisse wieder spüren können. Wir brauchen Momente, in denen wir bei uns sein können. Sonst brennen wir aus. Diese Ruhephasen sind für das Wohlbefinden unendlich wichtig. Im lauten Durcheinander des Alltags ist es gar nicht so einfach, diese stillen Momente zu finden. Wir brauchen diese Stille jedoch auch, um uns bewusst zu werden, was wir wollen.

Wir brauchen gewisse Rückzugmöglichkeiten, um mit uns eins zu sein. Auch das müssen wir in den verschiedenen Beziehungen berücksichtigen und vor allem kommunizieren.

Nur ist es für viele heute ungewöhnlich schwierig, einfach mal nur mit sich selbst zu sein. Das kann man auf jeder U-Bahn-Fahrt in jeder beliebigen Großstadt des Landes überprüfen: Wenn uns langweilig wird, holen wir sofort das Handy raus und suchen den Kontakt mit anderen, wir sehen einen Film, hören Musik oder surfen im Internet. Vermutlich treiben uns die simple technische Möglichkeit oder aber die Angst vor der Einsamkeit in diese Aktion. Doch Einsamkeit und Alleinsein sind zwei völlig unterschiedliche Dinge. Bei der Einsamkeit vermisse ich die Menschen um mich herum, weil ich mich nur mit ihnen als wahrgenommen fühle. Für jene Menschen kann die Stille ungeheuer laut sein. Für sie kann es entspannender sein, wenn nebenbei der Fernseher läuft oder zumindest das Radio an ist. Alleinsein hingegen ist ein aktiv gesuchter Zustand, in dem wir glücklich und zufrieden mit uns sind.

Eine Hand wäscht die andere – Vom Nutzen des Miteinanders

Man könnte sich ja hin und wieder mal fragen: Warum tun wir uns das alles eigentlich an? Diese ganzen Wirren von Distanz und Nähe und Selbstbild und Fremdbild – wie einfach wäre das Leben ohne all diese komplexen Themen? Die Antwort liegt auf der Hand: Wir tun uns das alles an, weil wir den anderen nun mal brauchen. Wir schaffen es nicht alleine, wir wären lebensunfähig. Und wir sind dazu bereit, weil wir ja auch einen Nutzen davon haben. Es klingt hart und gar nicht romantisch, aber es geht immer auch um eine Nutzenfunktion von Beziehungen. An dieser Stelle ernte ich gerade bei Vorträgen immer sehr skeptische Blicke. Beziehungen und Nutzenfunktion? Wie passt das zusammen?

Geht man davon aus, dass die Menschen sich bereits vor mehreren Hundertausend Jahren zusammengetan haben, weil sie in der Gemeinschaft und der Arbeitsteilung besser überleben konnten, dann liegt bis heute eine klare Nutzenfunktion des sozialen Miteinanders vor. Der Begriff »Nutzenfunktion« kommt aus der Mikroökonomie und beschreibt die Präferenzen eines Konsumenten für ein bestimmtes Produkt. Dabei geht man davon aus, dass der Konsument versucht, seinen Nutzen aufgrund der Produktauswahl zu maximieren. Zugegeben: Nutzenmaximierung können wir auf den ersten Blick nicht unbedingt in jeder Beziehung erkennen. Der ein oder andere von Ihnen hört dies nicht gern, Sie vermuten womöglich Manipulation und Ausbeutung dahinter. Aber ist nicht jede Beziehung ein Geben und Nehmen? Geht es nicht immer darum, sich auszutauschen? Dieser Gedanke ist bei uns negativ besetzt, weil die Option mitschwingt, dass der eine den anderen übervorteilen könnte.

Ganz ehrlich: Es funktioniert aber nicht anders. Jede Art von Beziehung ist durch den Austausch geprägt. Bei der Arbeitsbeziehung ist dies noch am einfachsten zu erkennen, da es vertragliche Vereinbarungen gibt hinsichtlich dessen, was gegeben und was genommen wird. Aber auch in jeder anderen Beziehung ist ein Austausch der Kern des Miteinanders. Es geht hier natürlich nicht um das materielle Geben, sondern um das Geben von Anerkennung, Liebe, Zugehörigkeit, Sicherheit, Zärtlichkeit und noch viel mehr. Daran ist nichts Verwerfliches. Die Frage ist, mit welcher Absicht wir geben. Jemand, der ständig darauf wartet, etwas zu bekommen, wird am Ende unzufrieden sein, weil er glaubt, er hätte das Anrecht auf etwas

Größeres, Schöneres, Besseres. Umgekehrt ist jemand, der immer nimmt oder nicht in der Lage ist zu geben, auch irgendwann unzufrieden. Denn er wird nicht das Gefühl bekommen, seinen Beitrag leisten zu können.

In einem Seminar berichtete ein junger Bankangestellter von seiner Ehefrau, die ihn ständig umsorgte und ihm den Rücken freizuhalten versuchte. Jeder Wunsch wurde ihm von den Lippen abgelesen. Ihn machte das erst glücklich – und dann auf lange Sicht ganz wütend. Er verstand zwar die gute Absicht, fühlte sich aber nicht wohl bei dieser Art von Behandlung und wollte gerne viel mehr involviert werden in die gemeinsamen Aufgaben.

Funktionierende Beziehungen haben eine essenzielle Grundlage: Sie sollten in einem Gleichgewicht sein, es sollte eine Balance von gegenseitiger Unterstützung und Füreinander-da-Sein herrschen. Dabei ist es völlig unabhängig, ob der eine vielleicht häufiger zum Essen einlädt und der andere sich häufiger den Kummer des anderen anhört. Ob der eine mehr Aktivitäten vorschlägt, während der andere mehr für eine gute Atmosphäre zu Hause sorgt. Oder ob der eine in einer Partnerschaft vor allem die sozialen Kontakte pflegt und der andere für finanzielle Sicherheit einsteht. Entscheidend ist, dass wir das Gefühl haben: Es herrscht ein faires Geben und Nehmen.

NUTZENFUNKTION IHRER BEZIEHUNGEN
Ziel dieser Überprüfung ist keine Bilanzierung Ihrer Beziehungen. Vielmehr geht es um Ihr spontanes Gefühl: Fühlen sich Ihre Beziehungen eher ausgewogen an, oder haben Sie das Gefühl, Sie investieren zu viel in eine Beziehung? Vielleicht würden Sie auch gerne mehr investieren und können es nicht. Warum nicht? Was hindert Sie? Welche Bedeutung hat das Geben und Nehmen für Sie? Was fällt Ihnen leicht zu geben? Was können Sie gut annehmen?

Vom Geben und vom Nehmen

Geben macht nicht nur glücklich, sondern es lässt uns unser ganzes Potenzial nutzen, wir erreichen besser unsere Ziele, wir »flourishen«.[48] Adam Grant, ein noch junger US-amerikanischer Professor, der vor allem über die Gründe von Erfolg und Motivation im Beruf forscht,[49] konnte in einer Studie belegen, dass jene Manager, die mehr geben als nehmen, langfristig erfolgreicher sind. Dabei beschreibt er nicht ein altruistisches Management, also ein ausschließlich selbstloses und uneigennütziges. Vielmehr geht es darum, dass wir versuchen sollen, unsere Ziele so zu erreichen, dass auch andere von dieser Zielstrebigkeit einen Nutzen ziehen können.

Gerade in helfenden Berufen hat sich dieses Phänomen paradoxerweise zu einem Problem entwickelt. Menschen, die einen helfenden Beruf wählen, sind zutiefst erfüllt von dem Wunsch, andere zu unterstützen. Berufstätige in diesen Bereichen ziehen ihre Kraft und ihre Erfolgserlebnisse vor allem daraus, dass die Hilfe eine Auswirkung hat. Nun hat sich aber ihre Arbeit in vielen Bereichen so entwickelt, dass sie von der nachhaltigen Wirkung ihres Tuns entkoppelt sind, dass sie häufig gar nicht mehr mitbekommen, wie es den Patienten im weiteren Verlauf der Krankheit geht. Oder der Lehrer ist so kurz in einer Klasse, dass er gar nicht mehr erleben kann, wie sich die Schüler, für die er sich engagiert, weiterentwickeln. Das Helfen erscheint ergebnislos. Es wird so wie in anderen Berufen auch: Einsatz wird dann anstrengend, wenn man für sein Engagement verhältnismäßig wenig zurückbekommt.

Adam Grant hat außerdem herausgefunden, dass Geben erst dann richtig guttut, wenn wir nur das geben, was wir auch haben. Wir müssen folglich abwägen, was für eine Unterstützung der andere gebrauchen kann und welchen Teil wir dazu beitragen wollen. Geben macht glücklich, solange wir so viel geben, wie wir aus tiefstem Herzen heraus geben können und wollen. Wenn wir geben, weil es uns gerade Spaß macht zu helfen, dann fühlt sich das anders an, als wenn wir das Gefühl haben: Man muss es tun, um bei jemandem Eindruck zu schinden oder wir eine Gegenleistung erwarten. Deshalb ist es wichtig, dass wir achtsam sind mit den Bedürfnissen der anderen. Aber eben auch mit unseren eigenen.

Es sollte uns klar sein, dass wir uns – gerade bei allem Bewusstsein über unsere Beziehungen – in gemeinschaftlichen Kontexten möglicherweise anders verhalten. Beziehungen, die sich unter vier Augen prima leben lassen, können in einer Gruppe eine ganz andere Dynamik entwickeln. Ein Beispiel: der Kollege, der plötzlich zum Vorgesetzten wird. Sind die ehemaligen Kollegen zu zweit in einem Raum oder in einer Besprechung, besteht nach wie vor eine freundschaftliche Verbindung. Aber im Teammeeting muss der Beförderte ab sofort eine völlig andere Rolle einnehmen. Und womöglich muss er seinem ehemaligen Kollegen in einem Mitarbeitergespräch sagen, dass seine Leistung nicht ausreichend ist. Oder ihm ein Projekt geben, das dieser gar nicht will. Diese Konstellation – gewachsene Strukturen werden zu freundschaftlichen Verhältnissen, bis eine neue Hierarchieebene Einzug hält – ist in Unternehmen immer wieder eine große Herausforderung. Aber auch im Privaten: In einer neuen Beziehung kann das Verhältnis zwischen den beiden Partnern wunderbar harmonieren, solange nicht alte Freunde auftauchen und man sich entscheiden muss, wie zeitliche und emotionale Prioritäten gesetzt werden. Da kommen wir manchmal an unsere Grenzen. Es ist oftmals schon ein entscheidender Schritt, sich dieser Dynamik bewusst zu werden.

BEST FRIENDS FOREVER – SOLLEN BEZIEHUNGEN WIRKLICH EIN LEBEN LANG HALTEN?

Freunde fürs Leben. Wer wünscht sich das nicht? Beziehungen, die ein Leben lang halten. Die Sandkastenfreundin, mit der man heute noch jedes Geheimnis teilt. Der alte Studienfreund, den man auch zwanzig Jahre nach der letzten gemeinsamen Klausur problemlos nach Karriereeinschätzungen und strategischen Berufstipps fragen kann. Solche Freunde zu haben, ist ein großer Wunsch von vielen. Doch nicht jede Beziehung eignet sich dafür. Und nicht jede Persönlichkeit. Beziehungen können wir nicht einfach wie ein Auto oder einen Computer betätigen. Beziehungen müssen aufgebaut, gepflegt und entwickelt werden. Sie bekommen ihren Sinn dadurch, dass wir Zeit gemeinsam verbringen, uns austauschen und füreinander da sind. Dies je nach Beziehungsart in unterschiedlicher Intensität und Weise.

Des einen Freud, des anderen Leid

Jeder von uns hat Bilder im Kopf, was wir unter einer guten Freundschaft, einer funktionierenden Ehe, einem angenehmen Arbeitsklima oder einer idealen Familie verstehen. Wir haben an einen Freund aus Kindertagen andere Erwartungen als an unseren Arbeitskollegen. Es gibt einige allgemeine Erwartungshaltungen, wie beispielweise, dass die Eltern immer nur das Beste für ihr Kind wollen oder dass uns gute Freunde unterstützen, wenn es schwierig wird. Das Problem ist nur: Wo es Erwartungen gibt, sind die Enttäuschungen nicht weit.

Immer wenn wir mit etwas rechnen, besteht die Gefahr, dass eine Annahme nicht erfüllt wird. Viele Experten und Autoren raten deswegen dazu, erst gar keine oder möglichst niedrige Erwartungen zu haben. Ich halte das – entschuldigen Sie die vielleicht harschen Worte – für totalen Quatsch. Kein Mensch ist frei von Erwartungen. Sie sind immer da, und sie werden – manche groß, manche weniger groß – uns unser Leben lang begleiten. Es ist also entscheidend, sich darüber bewusst zu werden, warum wir Erwartungen haben und was es bedeutet, wenn diese nicht erfüllt werden.

Welchen Sinn haben Erwartungen überhaupt? Einen durchaus großen. Sie verschaffen uns Sicherheit und Verlässlichkeit. Sie geben uns die Möglichkeit, sich von der Zukunft ein Bild zu machen. Zusätzlich motivieren uns jene Erwartungen, die wir als positiv ansehen. Bei fast allen unseren Handlungen gehen wir davon aus, dass, wenn ich A tue, B eintritt. Der eine erwartet Pünktlichkeit, der andere Sauberkeit, der nächste Unterstützung und ein anderer Einfühlungsvermögen. Doch möglicherweise verstehen beide beispielsweise unter Pünktlichkeit etwas anderes, und die Erwartungen werden enttäuscht. Nicht alles, was wir für selbstverständlich halten, ist es auch für andere. Entscheidend für unsere Beziehungen ist es, uns bewusst zu machen, dass unsere Erwartungen zunächst einmal nur etwas mit uns selbst zu tun haben. Niemand kann davon ausgehen, dass der andere schon wissen wird, was gemeint ist.

Gerade bei der Supervision von Teams erlebe ich immer wieder, dass ein Teammitglied von einem anderen etwas erwartet, derjenige aber keine Ahnung davon hat – oder haben kann. Deshalb ist Kommunikation essenziell für eine gute Beziehung. Wir müssen uns immer wieder über unsere verschiedenen Erwartungen austauschen.[50]

ERWARTUNGEN ÜBERPRÜFEN

Denken Sie an eine konkrete Beziehung (Partner, Freund etc.), und nehmen Sie sich fünf Minuten Zeit, den folgenden Satzanfang zu vervollständigen: »Er/Sie sollte ...« (Zum Beispiel: Sie sollte pünktlich sein. Sie sollte ordentlich sein ...). Schreiben Sie auch weiter, wenn Ihnen zunächst nichts mehr einzufallen scheint. Bleiben Sie einfach fünf Minuten bei der Sache.

Anschließend versuchen Sie die Liste Ihrer Erwartungen zu verringern. Nehmen Sie dazu Ihre Liste, und überprüfen Sie kritisch, welche der Erwartungen Ihnen wirklich wichtig sind und welche weniger wichtig. Eventuell sind auch einige unrealistische Erwartungen dabei. Wenn Sie die Liste auf ein angemessenes Maß reduziert haben, überlegen Sie, wie Sie diese Erwartungen an Ihr Gegenüber kommunizieren können.

Das Herz auf der Zunge haben

Der Austausch ist ohnehin das Herzstück jeder Beziehung, wenn nicht sogar der Anlass. Wir haben Beziehungen, um zu kommunizieren – das sollten wir nie vergessen. Wir reden im Prinzip gerne mit anderen über unsere Erlebnisse, Erkenntnisse oder vielleicht auch Sorgen. Wir tauschen in unseren Beziehungen Meinungen aus, diskutieren Einstellungen und Verhaltensweisen, um uns selbst zu überprüfen. Wenn ich also mit meinem Partner darüber diskutiere, wie sich jemand verhalten hat, ist das nicht automatisch ein Lästern, sondern ich überprüfe damit die Einstellung von mir und meinem Partner hinsichtlich dieses Verhaltens. Ich versuche dadurch herauszufinden, wie der andere mein Verhalten beurteilen würde. Diskutiere ich mit Kollegen über meine Einstellung zu einem Projekt, dann lerne ich dabei, wie meine Haltung im Vergleich zu den anderen ist. Der Dialog hat einen klaren Zweck. Wir brauchen diesen Abgleich, um uns selbst einschätzen zu können. Deshalb ist »das häufige Reden« mit meinen Mitmenschen das Salz in der Suppe der Beziehungen.

Der mittlerweile emeritierte Professor John Gottman[51] hat über viele Jahre hinweg Paare in seinem Labor beobachtet. Zum Abschluss seines Berufslebens behauptete er, dass er mit 90-prozentiger Wahrscheinlichkeit sagen könne, ob eine Beziehung nach vier bis sechs Jahren zu Ende sei oder nicht. Eine mutige These. Entscheidend aber ist, dass er festgestellt hat, was Paare zusammen sein lässt. Und das hat viel mit Interesse und Aufmerksamkeit seinem Partner gegenüber zu tun. So stellte der Forscher beispielsweise fest, dass alltägliche kleine Gespräche wesentlich sind, damit die Partner gegenseitig in Kontakt bleiben. Das beginnt mit der Frage, was bei dem anderen am Tag ansteht, und hört mit der klassischen Frage »Schatz, wie war dein Tag?« auf. Getreu dem Motto: Kleine Gespräche erhalten die Freundschaft und schenken Aufmerksamkeit. Dadurch wissen wir in einer Beziehung, was den anderen gerade beschäftigt und welche Sorgen oder Ängste er hat. Auch Freunde freuen sich, wenn wir an ihrem Leben Anteil nehmen. Jeder ist dankbar für Aufmerksamkeit und Zuwendung. Und dazu gehört im Übrigen auch, dass man einen Satz wie »Wie geht es dir?« nicht als langweilige oder unoriginelle Frage abtut, sondern sich als Gegenüber Mühe gibt, wahrheitsgemäß darauf zu antworten.

KLEINE AUFMERKSAMKEITEN ERHALTEN DIE FREUNDSCHAFT

Sind Sie ein guter Freund? Wann haben Sie das letzte Mal einem Freund, Partner, Familienangehörigen oder Kollegen eine kleine Aufmerksamkeit zukommen lassen? Ganz gleich, ob es Zeit zum Zuhören war oder eine Notiz mit ein paar netten Worten oder ein kleines Geschenk. Vielleicht nehmen Sie sich vor, in den nächsten Tagen jene mit Aufmerksamkeit zu beschenken, die sie sonst nicht so sehr bekommen. Das müssen nicht nur Ihre persönlichen Beziehungen sein, sondern darf auch mal der Busfahrer sein. Es wirkt Wunder.

Wie sag ich's nur

Entscheidend ist nicht nur, *dass* wir miteinander reden, sondern auch, *wie* wir miteinander reden. Das beginnt mit einem richtigen Zuhören. Wenn wir fragen: »Schatz, wie war dein Tag?« und gehen dann aus dem Zimmer oder ans Smartphone, ist das Gespräch meistens schon zu Ende. Immer wieder passiert es auch, dass auf die Frage gleich ein Vortrag folgt, wie der eigene Tag war. Das richtige Zuhören fällt uns nicht immer leicht. Zu gern erzählen wir eigene Erlebnisse oder bereiten schon unseren nächsten Kommentar zu dem Gesagten innerlich vor. Wirkliches Zuhören aber benötigt Aufmerksamkeit und ein Sich-zurücknehmen-Können. Es beinhaltet kluges Nachfragen und das Talent, sich in den anderen hineinzuversetzen.

Gespräche sollten auch überwiegend positive Aussagen enthalten. Die beiden Organisationspsychologen Barbara Fredrickson und Marcial Losada[52] haben festgestellt, dass es für Arbeitsteams mindestens drei Mal so viele positive Aussagen braucht als negative, damit eine Beziehung als gut wahrgenommen wird. In einer Partnerschaft sollen es sogar mindestens fünf positive Aussagen sein. Andere Forscher bezweifeln diese konkrete Zahl. Es sind sich aber alle einig, dass es zumindest etwas mehr als doppelt so viele positive wie negative Aussagen braucht, um einen guten Gesamteindruck von einer Beziehung zu bekommen. Die Realität entspricht allerdings eher dem Motto von Nachrichtensendungen oder bei Zeitungen, deren Devise ist: »Bad news are good news.« Schlechte Nachrichten garantieren hohe Einschaltquoten. Die Menschen lesen lieber einen Artikel über die neuen Riesenstaus zu Ferienbeginn als über die Tatsache, dass die Autobahnen zu Ferienbeginn überraschenderweise ganz frei geblieben sind. So ist es auch in unseren Beziehungen: Wir sind es gewohnt, auf schlechte Nachrichten mehr Aufmerksamkeit zu lenken. Schließlich können wir aus diesen Botschaften Gefahren erkennen und Entwicklungspotenziale ableiten. Damit wir aber auch die positiven Aussagen wahrnehmen, braucht es davon einfach viel mehr, genauer gesagt mindestens drei Mal so viele.

Allerdings gibt es auch ein wissenschaftlich belegtes Übermaß an positiven Aussagen. Wenn das Verhältnis auf über 10 zu 1 steigt, wirkt es wieder negativ. Also bitte keine Lobinflation! Bei der Kindererziehung wurde beobachtet, dass ein Zuviel an Lob dazu führen kann, dass die Kinder keine echte Selbstwirksamkeit mehr spüren, weil sie für jede Kleinigkeit gelobt werden und nicht mehr einordnen können, welche Leistung wirklich etwas Besonderes ist. Deshalb ist es auch besser, eine konkrete Leistung zu loben als beispielsweise eine Begabung des Kindes.[53] Bei Kindern ist diese Wirkung besonders deutlich zu erkennen. Aber warum sollte es nicht auch für Kollegen, Mitarbeiter und den Partner gelten? Ein Lob wie »Ich bin beeindruckt, wie engagiert du diese Aufgabe erledigt hast!« oder »Toll, dass du nicht aufgegeben hast, bei diesem Projekt!« verstärkt ein positives Grundgefühl und vermittelt Anerkennung.

Auf und nieder immer wieder – die Phasen von Beziehungen

Wenn ich jemandem erzähle, dass ich seit 34 Jahren mit meinem Mann zusammen bin, dann heißt es häufig: »Oh, da hast du aber Glück gehabt!« Zum Teil stimmt das natürlich, denn ich habe einen Partner gefunden, der bereit war, diesen Weg mitzugehen. Aber es bedurfte vieler Aufmerksamkeit und Achtsamkeit für die Beziehung und sich selbst. Zum einen gerade hinsichtlich dieser Punkte, die bisher beschrieben wurden – gerade in Sachen Aufmerksamkeit und Kommunikation. Aber vor allem bezüglich der Bereitschaft, sich immer weiter zu entwickeln. In 34 Jahren (wir gingen damals zusammen in die Schule) durchläuft ein jeder von uns Entwicklungsphasen und Veränderungen. Und es ist für jede Beziehung eine große Herausforderung, Veränderungen mitzutragen. Eine lange Beziehung ist folglich nicht nur Glück. Es ist vor allem eine sehr lange Phase an sehr aufmerksamer Arbeit und Pflege, an Vertrauen, dass der andere sich entwickelt und dann wieder einen gemeinsamen Pfad sucht und der Partner genügend Freiheiten hat, sich entfalten zu können. Manchmal ist das über eine lange Phase möglich, manchmal ist aber auch eine Partnerschaft nur für eine bestimmte Lebensphase oder bestimmte Lebensbereiche unterstützend. Welche Prioritäten wir setzen und wie gut wir den anderen loslassen können und wollen, muss jeder für sich entscheiden.

Wir alle durchschreiten unterschiedliche Lebensphasen und Entwicklungsperioden. Nicht immer verlaufen beim Freund, dem Partner oder der Familie die Entwicklungen ähnlich oder womöglich gleichzeitig. Wir haben bereits festgestellt, dass Familienmitglieder nicht frei ausgewählt werden, was die Beziehung nicht leichter macht, wenngleich sie meist lebenslänglichen Bestand hat. Anders ist das beispielsweise bei Arbeitsverhältnissen, die heute relativ häufig wechseln.

Die häufigsten Veränderungen in Beziehungen entstehen durch Umzug, Familiengründung, berufliche Veränderungen, einen neuen Lebenspartner oder in Partnerschaften häufig beim Hausbau. Hinzu kommt, dass wir mit wachsendem Alter immer weniger Freunde haben, da wir nicht mehr so viele neue Menschen kennenlernen wie im Studium oder am Anfang des Berufslebens. Alte Freundschaften klingen zuweilen aus, wir verlieren manche Freunde aus den Augen. Über die Wechsel und Umstrukturierungen des Freundeskreises gibt es noch keine einheitliche wissenschaftliche Meinung. Mal wird behauptet, dass wir durchschnittlich alle sieben Jahre die Hälfte unserer Freunde verlieren, mal heißt es, alle fünf Jahre nur einen wichtigen Freund. Tatsache ist aber, dass sich unser Freundeskreis ständig verändert.

Wir tun also gut daran, immer wieder neue Menschen kennenzulernen und uns anderen gegenüber aufgeschlossen zu zeigen.

Die meisten Freundschaften gehen still und leise zu Ende. Wir melden uns nicht mehr, haben leider keine Zeit, werden wortkarg am Telefon. Jeder von uns kennt das. Häufig ist das auch in Ordnung so. Manche dieser Beziehungen können allerdings auch einen schlechten Nachgeschmack hinterlassen. Im Rahmen eines Seminars traf ich einmal eine Frau mittleren Alters. Sie dachte immer wieder an einen alten, damals engen Freund, der vor einigen Jahren eine schwere Beziehungskrise hatte. Die Frau half, so gut sie konnte. Aber nach einem längeren Zeitraum fühlte sie sich überfordert und konnte nicht immer wieder über die gleichen schweren Themen reden. Der Freund aber betonte, wie toll er es fand, dass sie stets ein offenes Ohr für ihn hatte. Langsam fing sie an, sich zurückzuziehen, da ihr alles viel zu viel wurde – irgendwann brach der Kontakt ab. Im Laufe des Workshops merkte sie, dass das Thema für sie noch nicht richtig abgeschlossen war. Sie wollte den Freund noch ein Mal treffen. Bei dem Treffen konnte sie ihm ihre Situation schildern, und der Freund konnte sein Verständnis äußern. So war es für beide Seiten eine erleichternde Situation, die Dinge nach einer langen Zeit des Schweigens geklärt zu haben. Auch wenn die Freundschaft deswegen nicht wieder aufflammte, so konnten jetzt beide friedlich an die gemeinsame Zeit zurückdenken. Manchmal braucht auch ein Ende einer Beziehung die richtige Form.

Ich habe auch schon von Paaren gehört, die ihre Trennung genauso feierten wie ihre Hochzeit. Das mag seltsam klingen. Aber manchen Menschen macht es eine Abschiedszeremonie leichter, eine Person loszulassen. Und es ist wichtig, den anderen in Frieden ziehen lassen zu können, denn nur dann sind wir offen für etwas Neues.

Möglicherweise muss es aber gar nicht so weit kommen. Wenn wir uns bewusst machen, dass jede Beziehung unterschiedliche

Stadien durchläuft, kann durch Geduld und Toleranz die ein oder andere schwere Phase möglicherweise überwunden werden. Vielleicht gelingt es uns auch, eine Art Beziehungsregler einzuführen. Zu wissen, dass eine Beziehung auch mal ruhigere Phasen haben kann, erlaubt uns, bei Problemen nicht immer gleich die ganze Beziehung infrage zu stellen. Wir leben Beziehungen mal intensiver und dann wieder weniger intensiv. Das hat häufig mehr mit den Lebensumständen zu tun als mit der wirklichen Beziehung.

Ich habe in unserem Freundes- und Bekanntenkreis immer wieder beobachtet, dass in der Kleinkinderphase ein Freundeskreis sehr schwer aufrechtzuerhalten ist, wenn die anderen nicht auch gerade Kleinkinder haben. Zu sehr sind die jungen Familien mit der Kinderbetreuung beschäftigt. Häufig aber freuen sich später alle Beteiligten, wenn die Freundschaft diese Phase überdauert hat.

Wann es sinnvoll ist, den Beziehungsregler runterzudrehen, und wann der richtige Zeitpunkt ist, eine Beziehung zu beenden, muss jeder für sich entscheiden. Wir müssen prüfen, ob wir mit der neuen Situation umgehen können, welche Erwartungen wir an eine bestimmte Beziehung haben und ob es in der Beziehung wert ist, sich auf etwas Neues einzulassen. Wir müssen prüfen, ob wir bereit sind, eine Veränderung mitzugehen. Schafft es die Beziehung, eine räumliche Distanz unbeschadet zu überstehen? Haben wir genügend Toleranz gegenüber den schreienden Kindern der Freundin? Kann ich mich mit meinem alten Studienfreund auch gut ohne seine neue Freundin treffen? Um eine Beziehung gut zu pflegen, braucht man vieles. Vor allem Zeit, Geduld, Toleranz und Vertrauen.

Die Familie nimmt in diesem Zusammenhang eine Sonderposition ein. Familiäre Beziehungen verändern sich extrem –

Kinder kommen, Alte und Kranke gehen, man selbst wird vom Nachwuchs zur Autoritätsperson und so weiter. Allein ein Kind durchläuft in den ersten 20 Jahren sehr unterschiedliche Phasen. Ziehen die Kinder dann aus, entwickeln sich wieder völlig neue Verbindungen. Die Partnerwahl der Kinder beeinflusst das zukünftige Familiengefüge erheblich, die Gründung einer eigenen Familie ist wieder ein kompletter Neuanfang. Tanten und Onkel, Cousin und Cousinen, Nichten und Neffen: Familie kann ein weitverzweigtes Geflecht von Kontakten sein, die wir in sehr unterschiedlicher Weise lebendig halten. Es gibt große Verwandtschaften mit vielen Geschwistern, Cousins und Cousinen, Tanten und Onkels, Schwager und Schwägerinnen, Nichten und Neffen. Diese Familien füllen mit Partnern und Nachwuchs problemlos einen mittelgroßen Konzertsaal. Da gibt es dann manchen, der nur am Rande mit der Familie Kontakt hält, und andere, die in dieser Familienkommunikation komplett aufgehen. Aber wie wir uns auch entscheiden, die Familie läuft sich immer wieder über den Weg, die Verbindungen sind enger. Selbst wenn jemand ein Familienmitglied wirklich zu meiden versucht, wird er ständig an diese Person erinnert.

Doch sind solche Großfamilien heute eher eine Seltenheit. Viel mehr geht zurzeit der Trend zur kleinen Familie, bei der die Beziehungen noch viel bedeutsamer werden. Ich hatte drei Geschwister, und wenn es mit dem einen gerade nicht so lief, dann hielt ich mich an den anderen. Wenn ich aber nur eine Schwester, einen Bruder oder einen Elternteil habe, gibt es eben nur sie beziehungsweise ihn oder keinen. Dann eine familiäre Beziehung wirklich zu beenden, ist wesentlich schwieriger als bei den meisten anderen Beziehungen.

BEZIEHUNGSINVENTUR

Während Sie dieses Kapitel gelesen haben, ist Ihnen womöglich die ein oder andere Freundschaft oder Beziehung eingefallen, bei der Sie sich nicht ganz sicher sind, ob es sich um eine vorübergehende Krise der Beziehung handelt oder ob es vielleicht Zeit ist, die Sache zu beenden. Schreiben Sie diese Beziehungen und Personen auf, und gehen Sie jede einzeln durch. Fragen Sie sich, was Ihnen diese Beziehung bedeutet, welchen »Nutzen« Sie davon haben. Wie viel Freude, Kraft, Sicherheit oder Ähnliches bekommen Sie in dieser Beziehung? Gibt es aktuelle Gründe, die gerade zu einer Veränderung der Beziehung beitragen? Wie macht sich diese Veränderung bemerkbar? Schreiben Sie die für Sie wichtigen Punkte dieser Beziehung auf. Auf einer Skala von 1 bis 10: Wie stark sind die für Sie relevanten Aspekte der Beziehung eingeschränkt, und kann sich daran mittelfristig etwas ändern?

ICH WILL ETWAS, WAS DU NICHT WILLST! – BEI SICH BLEIBEN, AUCH WENN KONFLIKTE AUFTRETEN

Beziehungen verstehen, pflegen und im Zweifelsfall auch beenden ist in der Theorie ja schön und gut: Aber wenn es darum geht, das Ergebnis einer klaren Analyse umzusetzen, dann gibt es meistens doch Ärger. Selbst wenn wir uns total im Klaren sind, was wir wollen, weil wir bereits so viel über uns gelernt und erforscht haben, kann mein Gegenüber immer noch feststellen, dass es genau das Gegenteil will. Was dann? Was, wenn ich einfach das Gefühl habe, immer zu kurz zu kommen, und kein anderer merkt es? Was, wenn meine Kollegin eine Angewohnheit hat, die sie sich einfach nicht abgewöhnen kann, die aber nur mich im Großraumbüro verrückt macht?

Jeden Tag gibt es Situationen, die uns ärgern und unsere Toleranz und Akzeptanz fordern. Und wenige von uns haben gelernt, mit gegensätzlichen Erwartungen und Bedürfnissen umzugehen. Ich kenne sogar ziemlich viele, die versuchen, jede Auseinandersetzung zu vermeiden. Entweder, weil sie den Streit fürchten, oder weil sie die Harmonie lieben. Meistens ist es sogar eine Mischung aus beidem. Andere wieder wollen gerne den Wünschen und Erwartungen anderer gerecht werden und stellen dafür ihre eigenen Bedürfnisse hintan. Sie vermeiden auf diese Art und Weise ebenfalls die Auseinandersetzung.

Sehr häufig geht es bei Konflikten um einen subjektiv empfundenen Mangel. Wir haben das Gefühl, wir bekommen nicht genug: nicht genug Anerkennung, Liebe, Aufmerksamkeit, Wertschätzung oder was auch immer wir gerne mehr hätten. Dieses Mangelgefühl wurde von einem Ökonomen aus Harvard und einem Psychologen aus Princeton gemeinsam untersucht.[54] Sie beschreiben die subjektive Wahrnehmung von Knappheit als ein Gefühl, weniger von etwas zu haben, als wir zu brauchen meinen. Sie haben festgestellt, dass viele Menschen, die das Gefühl von Knappheit erleben, häufig einen Tunnelblick entwickeln und dabei ihre Konzentration und Leistungsfähigkeit eingeschränkt werden. Manchmal hilft es, sich bewusst zu machen, dass es sich – jenseits von Kriegen und Katastrophen – in der Regel nicht um einen objektiven, sondern um einen subjektiven Mangel handelt. Das heißt, wir persönlich bewerten eine Situation negativ. Wenn ich zum Beispiel das Gefühl habe, die Liebe, die mir mein Gegenüber geben kann, wird zu wenig, dann fange ich an, mir Sorgen zu machen. Dabei spielt es keine Rolle, wie viel Liebe mir der andere tatsächlich entgegenbringt.

Hinter diesem subjektiven Mangel stehen all die Erwartungen und Bedürfnisse, mit denen jeder von uns durch sein Leben geht. Wir hatten bereits festgestellt, dass negative Gefühle durchaus eine wichtige Funktion haben. Sie zeigen uns, wann eine Grenze überschritten ist – oder wann wir den Eindruck haben, zu kurz zu kommen. Nun liegt es im Wesen des Konflikts, dass er häufig eher emotionaler Natur ist. Zu erforschen, was hinter unseren Emotionen steckt, ist eine spannende Erfahrung und kann uns in mancher Auseinandersetzung weiterhelfen.

Automatische Reaktionen

Wir können mittlerweile erkennen, wie stark unsere Wahrnehmung unsere Zielsetzungen, unseren Wunsch nach Nähe und Distanz, unsere Bereitschaft zu geben und zu nehmen beeinflusst. Das alles sind stark subjektive Aspekte – und da ist es am Ende doch verwunderlich, wie gut wir mit anderen Menschen klarkommen. Es findet ein ständiger Abgleich statt zwischen uns und dem Rest der Welt, darüber, wo es Überschneidungen gibt und wo es notwendig ist, eine Sache auszudiskutieren. Manchmal geht es allerdings auch gar nicht darum, etwas auszudiskutieren. Die meisten von uns kennen Situationen, in denen wir ganz unbewusst auf eine Kleinigkeit mit heftigen Emotionen reagieren. Beispielsweise werde ich bei kleinen Ungerechtigkeiten im Alltag übertrieben emotional – dann etwa, wenn sich jemand beim Anstehen in einer Schlange im Geschäft vordrängelt, wenn ich einen ungerechten Strafzettel bekomme oder sich die Lehrer meiner Kinder (scheinbar) ungerecht verhalten haben. Meinen Kindern ist es immer peinlich gewesen, wenn ich im Elterngespräch anfing, laut zu diskutieren. Manch einer, der mich nicht kennt, ist vermutlich verwundert, warum ich mich über Kleinigkeiten so aufregen kann. Aber das ist mein wunder Punkt. Und wir haben alle solche wunden Punkte, bei denen wir eher automatisch handeln, als konkret auf den entsprechenden Anlass einzugehen. Diese automatisierten Reaktionen resultieren meistens aus den Erfahrungen, die wir im Laufe unseres Lebens gemacht haben. Sie beziehen sich in der Regel auf grundsätzliche Lebensthemen – wie eben Gerechtigkeit oder Authentizität, Sicherheit oder Freiheit. Da diese automatischen Reaktionen sehr individuell sind, kann es manchmal zu Wechselwirkungen kommen, bevor überhaupt eine wirkliche Interaktion stattfindet. Fühle ich mich ungerecht behandelt, bin ich womöglich schon wütend auf jemanden, bevor der mich überhaupt richtig wahrgenommen hat. Um es auf den Punkt zu bringen: Wenn Sie sich aus Versehen beim Bäcker auf der falschen Seite anstellen und vor mir bedient würden, könnte es passieren, dass ich Sie sehr ungehalten und definitiv eine Oktave zu hoch auf Ihr Fehlverhalten aufmerksam machen würde.

Wenn zwei sich streiten …

Das ist natürlich nicht immer schön. Oft sogar ein bisschen unangemessen. Aber langfristig schwieriger ist es mit der entgegengesetzten Ausprägung: Viele von uns trauen sich gar nicht erst, in Konflikte einzusteigen. Gewiss, wir wissen nie genau, wie stark die Auseinandersetzung eskalieren kann. Womöglich entsteht aus einer Mücke ein Elefant, und wir ahnen nicht mal, welche Geister wir da wachrufen. Vielleicht werde ich einmal in eine veritable Backstuben-Schlägerei verwickelt (die ich vermutlich selbst angezettelt habe). Aber so zu tun, als ob alles in Ordnung wäre, ist erst recht keine Haltung. Erinnern Sie sich mal an die letzte Situation, in der Sie es getan haben – nämlich nichts gesagt oder nichts getan haben, obwohl Ihnen die passenden Worte schon auf der Zunge lagen. Wie haben Sie sich anschließend gefühlt?

Es ist enorm anstrengend, so zu tun, als ob uns alles gar nicht berührt. Wir sind körperlich angespannt, der Blutdruck steigt, wir ermüden schneller und geraten in Stress. Deshalb ist ein aktiver Umgang mit Konflikten unerlässlich. Häufig höre ich an dieser Stelle in Coachings: »Ich kann doch nicht jedes Mal, wenn ich mich ärgere, meinen Unmut laut herausposaunen!« Das ist für mich so ähnlich wie die Behauptung, wir könnten nicht wir selber sein, weil wir sonst uns nur noch anschreien würden. Genau genommen ist das ja eine der großen Sorgen der Menschen: Wenn wir uns so verhalten, wie wir wirklich sind, gibt es Ärger, und deshalb halten wir lieber still.

Ich habe da einen anderen Vorschlag: Streiten Sie sich – aber richtig! Auseinandersetzungen, wenn sie gut geführt werden, können durchaus eine belebende und klärende Funktion für eine Beziehung haben. Eine Beziehung, in der keine Auseinandersetzungen stattfinden, verliert häufig, wenn auch nicht immer, an Dynamik. Jeder denkt sich seinen Teil und will den anderen schonen, nimmt Rücksicht oder meint, das bringt eh nichts. Und jeder von uns weiß, wie sich das anfühlt. Wir werden innerlich distanzierter, abgestumpfter, gleichgültiger. Wir erzählen uns dann selbst, dass wir tolerant sind und flexibel. Aber meistens staut sich immer mehr Unmut in uns an. Dieser Stau von Gefühlen wirkt sich auch gesundheitlich auf uns aus, da wir in diesem Zustand sehr viel mehr Cortisol (das sogenannte Stresshormon) produzieren als sonst, was zu Schlafstörungen, Bluthochdruck und ähnlichen Nebenwirkungen führt. Außerdem kosten solche unausgesprochenen Konflikte unglaublich viel Kraft, denn die Gedanken kreisen ständig um dieselbe Sache, und wir suchen unbewusst nach Bestätigungen für unseren Unmut. Wir beginnen uns also auf das Negative in der Beziehung zu konzentrieren – und was das für Folgen hat, wurde schon zu Beginn des Buches deutlich. Also erlauben Sie sich, auch mal unangenehme Dinge anzusprechen, es ist meistens entlastend für beide Seiten. Möglicherweise hilft es Ihnen, wenn Sie sich bewusst machen, dass es ganz normal ist, sich auch mal zu streiten. Wenn wir Zeit miteinander verbringen und Dinge gemeinsam machen, kann es auch zu Streitigkeiten kommen. Sie kennen sicher das Sprichwort: »Wo gehobelt wird, da fallen Späne.«

Eine Führungskraft eines mittelständischen Unternehmens erzählte mir einmal von einem Konflikt, der ganz banal damit begonnen hatte, dass eine Mitarbeiterin immer Kaugummi kaute – und zwar während der Kundengespräche. Doch anstatt dieses Verhalten anzusprechen und damit der Mitarbeiterin die Chance zu geben, ihr Verhalten zu ändern, wollte die Führungskraft nicht zu kleinlich sein und sagte nichts. Der Ärger über das Verhalten staute sich dann aber über zahlreiche Kundengespräche so an, dass es schließlich zu irgendeinem Anlass zu einem emotionalen Ausbruch kam und sich ein regelrechtes Kritikgewitter auf die Mitarbeiterin entlud. Hätte die Führungskraft direkt nach dem ersten Kundengespräch kurz rückgemeldet, dass Kaugummi kauen in dieser Situation nicht angemessen ist, wäre es ganz leicht zu kommunizieren gewesen. Je länger wir stillhalten, desto größer ist die Gefahr, dass wir innerlich eine lange Liste schreiben von »Dingen, die ich dir schon immer mal sagen wollte!« und sich dann während einer Diskussion eben jenes Kritikgewitter entlädt. Hilfreich ist diese Form der Auseinandersetzung nicht.

Also immer alles direkt ansprechen? Immer jede kleine Missstimmung offen auf den Tisch legen? Das klingt in der Tat anstrengend. Aber niemand zwingt uns dabei, auch das Gehirn auszuschalten. Wir können gerne vorsichtig sein und erst mal abwägen, ob eine entsprechende Auseinandersetzung wirklich notwendig ist. Aber wenn wir frühzeitig kommunizieren, dass uns etwas stört oder uns etwas fehlt, dann wird es womöglich gar nicht erst zu einer Auseinandersetzung kommen.

KRITISCHE RÜCKMELDUNG
Denken Sie an eine Situation, in der Sie etwas gestört hat und Sie es der Person nicht gesagt haben. Welche Gedanken und Gefühle hat das bei Ihnen ausgelöst? Welche Bewertungen haben sich bei Ihnen eingeschlichen? Haben Sie sich danach anders verhalten, möglicherweise die Person kritischer beobachtet? Und nun stellen Sie sich vor, Sie hätten Ihren Unmut geäußert. Sie hätten kurz und ganz konkret, ohne zynisch zu sein oder zu verallgemeinern, gesagt, was Sie stört. Wie, glauben Sie, hätte die andere Person reagiert? Was wäre passiert? Wie hätten Sie sich gefühlt? Sollte Ihre eigene Reaktion zunächst sehr emotional sein, dann holen Sie erst drei Mal tief Luft, geben Sie sich ein paar Augenblicke Zeit, bis sich die Emotionen wieder ein wenig beruhigt haben, und versuchen Sie dann etwas neutraler, Ihre Wahrnehmung zu kommunizieren.

Bis hierher und nicht weiter – Grenzen setzen

Neben dem subjektiven Mangel geht es bei Konflikten ganz häufig darum, Grenzen und Bedürfnisse zu kommunizieren beziehungsweise anzuerkennen. Das Vermitteln von Grenzen und Bedürfnissen ist nicht ganz einfach, da sie nicht objektivierbar sind. Häufig passiert es, dass sich der Gesprächspartner zurückgewiesen oder unzulänglich fühlt, er hat den Eindruck, auf Abstand gehalten zu werden. Er oder sie fühlt sich abgelehnt. Und manchmal fühlen sich Grenzen tatsächlich an wie ein Liebesentzug. Deshalb ist es ja so schwierig, sie zu definieren. Es führt zu Auseinandersetzungen, Abwägungen und Reibereien.

Jesper Juuls, ein bekannter dänischer Familientherapeut und Bestsellerautor, sieht das für das Aufzeigen von Limits genauso und sagt sinngemäß: Grenzen zu setzen ist ein Zeichen von Liebe. In der Forschung zum Thema Kindererziehung hat es längst wieder einen Umschwung gegeben: Kinder, die klare Grenzen gesetzt bekommen, sind erwiesenermaßen viel zufriedener als Kinder, die völlig ohne Gesetze und No-Gos aufwachsen. Erstere haben einen festen Rahmen, in dem sie sich bewegen können. Sie haben gelernt, was in Ordnung ist und was nicht. Das entlastet sie, und sie können sich innerhalb des gesteckten Rahmens frei entwickeln.

Das gilt im Prinzip ebenso für die Erwachsenen. Kennen Sie diese Kümmerer – liebevolle Menschen, die einem ständig helfen wollen? Eine junge Dame berichtete mir von einem Lebensgefährten, der sich ganz dementsprechend verhielt: Er verstand jede kleine Unmutsbekundung als Aufforderung, ihr zu helfen. Sagte sie: »Puh, ist das heiß!«, versuchte er ihr sofort Abkühlung zu verschaffen und sprang zwanzig Minuten durch die Gegend, um eine Lösung zu finden. Sagte sie: »Jetzt hab ich aber Durst!«, setzte er sich ins Auto und fuhr los, um ihr ein Wasser zu besorgen. Dieses Verhalten machte sie total wahnsinnig. Wenn sie ihm zu verstehen gab, dass er das nicht machen müsse, sagte er nur: »Ich helfe dir doch gern!« Erst als sie ihm bewusst machte, dass sie sich dadurch eingeengt fühlte und sich nicht mehr traute, irgendwas zu sagen, aus Sorge, er spränge gleich wieder los, verstand er langsam, welche Wirkung sein Verhalten hatte. Es können also auch fürsorgliche Gesten oder gut gemeinte Ansätze unsere Grenzen überschreiten.

Grenzen setzen als Wertschätzung

Würden wir eine Abgrenzung nicht als Ablehnung, sondern als Wertschätzung verstehen, wäre das Ganze deutlich einfacher. Gerade in Beziehungen, die uns wichtig sind, sollten wir uns darum bemühen, Grenzen und Bedürfnisse klar zu kommunizieren. Denn nur so kann die Beziehung lebendig und wertvoll bleiben. Wenn ich keine Grenzen setze, erschwert das die Kommunikation. Beide Seiten müssen immer wieder ausloten, was passt und an welchem Punkt es schwierig wird. Sind die Grenzen erst verletzt und keiner redet darüber, entfremden sich die Personen, und eine möglicherweise wertvolle Beziehung geht verloren. Ist einem der andere Mensch nicht so wichtig, kann ein solch fahrlässiges Verhalten durchaus in Ordnung sein. Bedeutet mir mein Gegenüber aber etwas, dann sollten wir die Beziehung nicht riskieren und lieber versuchen, unsere Bedürfnisse zu kommunizieren.

Unser Gespür für unsere Grenzen und Bedürfnisse ist allerdings nicht sehr gut ausgeprägt, und so spüren wir unsere Grenzen oft erst dann, wenn wir sie überschritten haben oder ein anderer dies getan hat. Möglicherweise wollen wir uns unsere Begrenzungen selbst nicht eingestehen, denn es könnte ja auch als ein Zeichen von Schwäche gesehen werden, dass wir nicht alles schaffen können.

Grenzen werden leicht verletzt, wenn es um das Geben und Nehmen in Beziehungen geht. Wenn dieses Gleichgewicht gestört ist, haben wir den zu Beginn dieses Kapitels erwähnten Eindruck, zu kurz zu kommen. Wir reichen den kleinen Finger, und unser Gegenüber nimmt sich gleich die ganze Hand. Hat zum Beispiel ein enger Freund Liebeskummer, sind wir natürlich als Gesprächspartner für ihn da. Ruft er dann aber jede Nacht um drei Uhr an, um jemandem seine Gefühle mitteilen zu können, kann das ziemlich bald sehr anstrengend werden, zumal wir ja in der Regel selbst ein erfülltes – und dazu gehört auch: ausgeschlafenes – Leben leben wollen. Eine Zeit lang können wir so etwas gut auffangen, aber irgendwann müssen wir dann einfach eine Grenze ziehen.

Grenzen werden nur dann überschritten, wenn wir nicht klar genug machen, wo sie verlaufen. Wir müssen uns wehren – und jeder trägt dabei für sich selbst die Verantwortung. Wenn andere immer wieder unsere Bedürfnisse ignorieren, liegt das leider auch daran, dass wir es zulassen. Wir müssen lernen zu sagen: Bis hierher und nicht weiter. Du stellst gerade deinen Fuß auf meinen Teppich.

Möglicherweise handeln Sie sich damit Reibereien ein, aber in der Physik wird behauptet: Reibung erzeugt Wärme, und von Reibung spricht man in den Naturwissenschaften, wenn sich zwei Gegenstände berühren und sich dabei in ihrer Bewegung hemmen. Auch wenn sich diese Gesetzmäßigkeiten vielleicht nicht eins zu eins auf die Beziehungsthematik übertragen lassen, so ist der Mechanismus prinzipiell auch für zwischenmenschliche Auseinandersetzungen gültig.

Um aber Grenzen zu setzen, muss man zunächst wissen, wo genau diese liegen. Deshalb ist es wichtig, die eigenen Bedürfnisse und Werte, seine Fähigkeiten und Stärken zu erkennen. Denn nur durch Aufmerksamkeit der eigenen Person gegenüber können wir wahrnehmen, wie weit wir gehen können und wo wir stopp sagen müssen. Oder, um es mit den Begriffen dieses Buchs zu sagen: Keine Beziehungsinventur geht ohne Selbstinventur.

GRENZEN SETZEN

Nehmen Sie eine Schnur (oder ein Seil oder – wenn Sie auf den Boden malen können – ein Stück Kreide). Legen Sie diese Schnur um sich herum (sitzend oder stehend), und versuchen Sie einen Raum zu definieren, der Ihre persönliche Grenze kennzeichnet. Beschreiben Sie mit der Linie den Bereich, in den nur ganz bestimmte Menschen reindürfen, und das auch nur, wenn Sie vorher die Erlaubnis dazu gegeben haben.

Dieser Raum kann nur ein Kreis von einem Meter Durchmesser sein, aber vielleicht hat er auch drei Meter?

Ist dieser Kreis definiert, dann überlegen Sie, welche Menschen immer mal wieder in diesen Kreis dürfen. Oder befinden sich möglicherweise Menschen innerhalb dieses Kreises, die da gar nicht hingehören? Denken Sie im Alltag immer wieder an diesen Raum, und prüfen Sie, ob jemand versucht, diesen Kreis ohne Ihre Erlaubnis zu überschreiten. Und in welcher Form und Weise können Sie diese Person bitten, Ihren Kreis wieder zu verlassen?

Diese Übung ist deswegen so hilfreich, weil sie die Grenzen visualisiert, die wir im Alltag so schnell übersehen. Dann können wir kein Seil legen oder einen Kreis malen. Aber wir können durch klare Kommunikation Grenzen ziehen, wenn wir unser Areal zuvor gedanklich »abgesteckt« haben. Ein klares Bild von seinen Grenzen bietet übrigens die Möglichkeit, jemanden in seinen Kreis zu lassen. Manchmal fällt es uns auch schwer, Unterstützung, Anerkennung und Zuneigung anzunehmen. Auch hier ist der Kreis ein gutes Bild, zu überlegen, was wir zulassen wollen.

In meinen Coaching-Gesprächen habe ich die Erfahrung gemacht, dass wir, wenn wir erst einmal verstehen, warum der andere auf eine bestimmte Art reagiert, wir häufig nicht mehr so wütend, abweisend oder verärgert sind, ganz gleich, ob seine Reaktion positiv oder negativ ist. Dann sind wir häufig der Lösung schon ein ganzes Stückchen nähergekommen (und die muss nicht immer nur Harmonie bedeuten, sondern kann auch eine konstruktive Auseinandersetzung sein). Wenn wir also in eine Situation kommen, in der uns jemand auf die Nerven geht, unsere Grenzen nicht respektiert und unsere Bedürfnisse nicht ernst nimmt, ist es wichtig, bei sich zu bleiben und zunächst einmal die eigene Verantwortung zu reflektieren. In die Opferrolle zu gehen und zu sagen: »Der ist gemein zu mir!«, hilft uns nicht weiter. Auch eine bockige, wütende Haltung, weil wir meinen, der andere sollte sich bewegen, führt selten zu einer konstruktiven Lösung. Hilfreicher ist es, zu beobachten, was gerade in uns passiert, wenn wir dies oder jenes hören, und welche Wechselwirkungen in unserer Gefühlswelt stattfinden. Da dürfen wir durchaus auch mal einen Wutanfall oder keine Lust haben – aber wir können eben nicht grundlos die anderen für jede Misere verantwortlich machen.

Was tut sich da bei mir?

Es ist ein kleiner Perspektivwechsel mit einer großen Wirkung. Wenn man die Fragen, die man sich selbst stellt, nur minimal anders formuliert, kann dies die Ausgangssituation schon radikal verändern. Wir fragen uns nicht mehr: »Warum macht mich der andere so wütend?«, sondern: »Warum werde ich eigentlich so wütend?« So können wir immer noch entscheiden, ob wir unsere Reaktion als angemessen empfinden oder nicht.

Das fällt uns jedoch nicht immer leicht. Wir sind diese Art der Selbstwahrnehmung einfach nicht so gewohnt. Doch ein Erforschen, woher gerade welche Gefühle kommen, ist extrem hilfreich. Häufig entdecken wir dahinter eine ganz andere Motivation. So sind beispielsweise die berühmten Kleinigkeiten, über die wir uns streiten, häufig nur Sinnbilder für nicht wahrgenommene Bedürfnisse. Wenn wir einen Wunsch äußern, der nicht erfüllt wird, sind wir selten darüber wütend, dass der konkrete Wunsch nicht beachtet wird. Vielmehr ist es doch so, dass wir dann das Gefühl haben, nicht ernst genommen zu werden oder dem anderen egal zu sein. Wir fühlen uns nicht respektiert oder angemessen wahrgenommen. Und das ist unsere wirkliche Enttäuschung.

Auch die Idee der verschiedenen Persönlichkeitsteile aus Kapitel 1 dieses Buches kann uns dabei helfen wahrzunehmen, welcher Teil von uns gerade so wütend ist und wen er möglicherweise beschützen möchte. Diese Art der Selbstreflexion bei einer Auseinandersetzung erlaubt uns viel mehr Handlungsoptionen. Ich erlebe es immer wieder, dass diese Art von Bewusstsein uns hilft, unsere Bedürfnisse besser zu formulieren und Klarheit für sich zu entwickeln.

Es geht also darum, wahrzunehmen, was bei uns selbst passiert – und dann zu erforschen, was bei unseren Gegenübern ankommt. Das wichtigste Element der Empathie ist wirkliches Zuhören. Sich Zeit zu nehmen, nachzufragen, verstehen zu wollen und hin und wieder zu wiederholen, was wir verstanden haben, sind hilfreiche Mittel, um zu einem verständnisvollen Zuhörer zu werden. Als vor einigen Jahren meine Tochter aus dem Kindergarten kam, sagte sie: »Alle Kinder durften heute reiten – nur ich nicht!« Meine Mutterseele war sofort alarmiert: Das arme Kind wird ausgeschlossen, die Kindergärtnerin vernachlässigt es. Oder hat sie meinem Kind womöglich das Reiten nicht zugetraut?

Ich wollte sofort die Kindergärtnerin anrufen, um mich zu beschweren. Doch vorher vergewisserte ich mich noch einmal, ob mein Eindruck richtig war, und fragte meine Tochter: »Und jetzt bist du traurig, dass du nicht auch reiten durftest?«

Meine Tochter schaute mich erstaunt an und sagte: »Nein, überhaupt nicht! Ich wollte es dir nur erzählen.« Bis heute mag sie Pferde einfach nicht.

Durch eine genaue Nachfrage ist es möglich, unseren Eindruck von der Situation zu überprüfen, denn dieser ist nicht immer richtig. Wir haben – so smart oder auffassungsschnell wir auch sein mögen – zu einem Großteil eine verzerrte Wahrnehmung. Sehr oft bringen wir unsere eigenen Bedürfnisse und Gefühle ein, die wir aufgrund unserer Erfahrung nun mal haben. Diese sind aber eben nicht zwangsläufig die Eindrücke und Erfahrungen unseres Gegenübers – und somit auch oft nicht die Gesprächsintention.

Do's und Don'ts beim Streiten

Bleibt die Frage nach der förderlichen Kommunikation in richtigen Streitsituationen. Bei Meinungsverschiedenheiten sollten wir immer eine Prämisse im Blick behalten: Es geht zunächst einmal nicht darum, wer recht hat, sondern eher darum, eine Atmosphäre zu schaffen, die ein konstruktives Gespräch erlaubt – und so ein Problem löst. Wer das im Blick behält, hat schon viel gewonnen. Wie wunderbar, wenn es uns dann sogar gelingt, mit ein wenig Witz und Leichtigkeit die Situation aufzuheitern und zu lockern. Humor ist, richtig platziert, eine sehr entspannende Art, mit Kritik oder Konflikten umzugehen. Er kann die Spannung aus verfahrenen Situationen nehmen (und Lachen ist ja, wie wir schon gelernt haben, auf lange Sicht eine der effektivsten Gesundheitsvorsorgen). Trotzdem schaffen wir es nur sehr selten, Humor in Streitsituationen richtig dosiert anzuwenden.

Vielleicht ist es auch zu viel verlangt, harsche Konfliktkommunikation gleich auf ein lockeres Level heben zu wollen. Aber wenn wir uns bewusst werden, was uns in einem Streit bewegt, wir uns veranschaulichen, wo wir gerade unseren imaginären Grenzen-Kreis haben, können wir zumindest eine Leichtigkeit erlangen, die uns hilft, souverän und nicht verletzend zu agieren. Es gibt auch ein paar Tricks, mit denen ein Konflikt nicht so schnell eskaliert.

Derjenige, der redet, sollte versuchen, in der Ich-Perspektive zu bleiben. Immer wieder, wenn mir in Coachings oder von Freunden oder Kollegen über Konflikte berichtet wird, wird lange darüber gesprochen, was der andere getan hat, was er sich wohl dabei gedacht hat und welche Probleme er hat. Das alles sind zu einem kleinen Teil konkrete Fehlverhalten, zu einem großen Teil jedoch erweiterte Vermutungen oder Deutungen. Wir wissen nicht sicher, was in dem anderen vorgegangen ist, wenn er sich auf eine bestimmte Art verhalten hat. Eine Diskussion wird auf diese Weise schnell zu einer Mischung aus strengen Vorwürfen und Fehlinterpretationen. Was wir hingegen sehr exakt wahrnehmen und beschreiben können, sind unsere eigenen Gefühle, Bedürfnisse und Gedanken. Klingt leichter, als es ist, denn wir interpretieren und bewerten gern. Aber wir nähern uns offen und mit ehrlichem Blick unserem Anteil an der Auseinandersetzung (»unserer Schuld«) und bieten durch diese Form der großen oder kleinen Eingeständnisse dem Gegenüber eine Möglichkeit, einen Ausweg aus einer verfahrenen Situation zu finden – und nebenbei eine sehr konkrete Möglichkeit, uns besser zu verstehen.

Außerdem sollten wir immer nur bestimmte Situationen als Anlass für einen Streit nehmen und diese auch ganz konkret ansprechen, um ein Kritikgewitter zu vermeiden. Das fällt leichter, wenn wir das klärende Gespräch nicht zu lange vor uns herschieben. Wenn wir Begriffe wie »immer«, »nie« oder »ständig« verwenden, haben wir einen Hinweis auf eine Verallgemeinerung und reden nicht mehr über die konkrete Situation. Bei einer endlosen Aneinanderreihung an Dingen, die »uns schon immer gestört haben«, fühlt sich das Gegenüber prinzipiell infrage gestellt und kann auf die einzelnen Punkte gar nicht mehr reagieren.

Zu guter Letzt sollten wir lernen, am Ende eines Statements einen Wunsch oder ein Bedürfnis zu äußern. Denn dadurch erkennt das Gegenüber, was unser Ziel ist, beziehungsweise welche Grenze wir gerne mehr respektiert wüssten. Wir können aber auch abschließend eine Frage stellen, mit der wir den anderen einladen, seine Bedürfnisse und Wahrnehmungen zu schildern, zum Beispiel: »Mich würde interessieren: Wie hast du die Situation wahrgenommen?« oder: »Wie hast du das wahrgenommen, was ich gerade gesagt habe?«[55] Solche offenen Fragen sind hilfreich, damit mein Gegenüber auch in der Lage ist, sich selbst zu reflektieren. Vor allem müssen die Bedürfnisse und Grenzen kommuniziert werden, denn erraten kann sie keiner.

Wir können in einer Konfliktsituation auch als Zuhörer zu einem konstruktiven Gespräch beitragen. Denn nur durch wirklich gutes Zuhören kommen wir mit unserem Gegenüber in Kontakt. Es signalisiert Aufmerksamkeit, ein wirkliches Ernstnehmen des anderen. Dazu müssen wir eigene Bedürfnisse und eigene Geschichten erst mal hintanstellen. Aktives Zuhören bedeutet: Interesse signalisieren durch entsprechende Gesten und durch Fragen (passives Zuhören bedeutet: zum einen Ohr rein, zum anderen raus).

Zum anderen ist es gut, dem anderen immer wieder kurz zu sagen, was wir verstanden haben. Dieses Nachfragen, was der andere verstanden hat, fühlt sich am Anfang komisch an. Wir sind es nicht gewohnt, so miteinander zu reden. Es hat sich aber in Konfliktsituationen als ein sehr starkes Mittel herausgestellt, um Missverständnisse zu vermeiden. Ich bin immer wieder erstaunt, wie häufig die Menschen einfach aneinander vorbeireden, weil jeder davon ausgeht, dass der andere schon weiß, was er meint.

Gerade bei Teamsupervisionen kann ich das immer wieder beobachten, zum Beispiel, wenn der Bereichsleiter abschließend sagt: »Dann machen wir das so wie besprochen!«, und alle nicken. Wenn ich dann jeden Einzelnen frage, was er denn unter »so« verstanden hat, höre ich meistens so viele Varianten, wie Meetingteilnehmer da sind.

Ein anderes Beispiel: Vielleicht hatten Sie auch schon mal einen Beifahrer, der Ihnen sagte: »Achtung, die Ampel ist rot!«, und Sie dachten: Hat der das Gefühl, ich kann nicht Auto fahren? Der vertraut mir nicht. Soll er doch selbst fahren! Womöglich wollte der Beifahrer Sie aber nur unterstützen, weil gerade die Sonne so steht, dass die Ampel kaum zu erkennen ist, und meinte es gar nicht so belehrend, wie es für Sie geklungen hat. Würden wir den Beifahrer fragen: »Fühlst du dich unsicher? Soll ich langsamer fahren?«, kann es sein, dass er antwortet: »Nein, ich wollte nur helfen!« Oder aber er bejaht die Frage und gibt seinem Sicherheitsbedürfnis Ausdruck, das sich hinter der Bemerkung mit der roten Ampel verbarg.

Manchmal hilft es, wenn jemand ein Kritikgewitter loslässt,

dass wir nachfragen: »Was willst du mir konkret sagen? Was ist gerade dein Bedürfnis?«

Eine neugierige fragende Haltung gibt uns die Möglichkeit, das Gespräch im Griff zu behalten, obwohl wir gerade kritisiert werden. Dabei sollten wir erstens offene Fragen stellen und zweitens uns die Frage nach dem »Warum« verkneifen, denn die endet häufig in Rechtfertigungen. Wir wollen verstehen, was in unserem Gegenüber vorgeht, und dafür sind Fragen, die mit »wie«, »was«, »wann« oder »wo« beginnen, viel interessanter. Offene Fragen sind so aufgebaut, dass es dem Gegenüber nicht möglich ist, nur mit »Ja«, »Nein« oder sonst irgendwie einsilbig zu antworten. Also statt der Frage »Bist du glücklich?« könnten wir fragen: »Was macht dich glücklich?« Im Anhang auf Seite 231 finden Sie weitere Anregungen für eine konstruktive Kommunikation.

SEINEN EIGENEN KOMMUNIKATIONSSTIL ENTWICKELN

Beobachten Sie sich ein wenig in den nächsten Gesprächen! Wie kommunizieren Sie? Was fällt Ihnen leicht, und welche Aspekte könnten Sie noch vertiefen? Notieren Sie sich jene Punkte, die Sie gern häufiger anwenden wollen. Vielleicht finden Sie ein Symbol für diese Haltung, das Sie auf Ihren Schreibtisch stellen können oder neben das Telefon. Vielleicht ist es auch ein Bildschirmschoner auf Ihrem Smartphone, der Sie immer wieder daran erinnert, im Gespräch mit anderen achtsam zu sein.

Du traust dich was – Mutig durchs Leben gehen

Bei aller Betonnung von ehrlicher Selbstreflexion und dem Erkennen seiner persönlichen Grenzen darf ein Punkt nicht unerwähnt bleiben: Es ist natürlich genauso wichtig, seine Grenzen regelmäßig zu überschreiten. Denn nur dann können wir uns auch weiterentwickeln. Wir brauchen Ziele und den regelmäßigen Schritt in unsichere Gefilde, um ausprobieren zu können, wo unsere Schwächen liegen. Nur, wenn wir immer wieder versuchen, uns zu entwickeln, erkennen wir auch unsere Stärken. Grenzen überschreiten bedeutet also: Dinge auszuprobieren, bereit zu sein, sich zu verletzen oder auch zu verlieren. Der Jesuit Alfred Delp, der aufgrund seines christlichen Engagements in der Nazizeit als Widerstandskämpfer hingerichtet wurde, sagte im Gefängnis der Gestapo: »Man muss die Segel in den unendlichen Wind stellen, dann erst werden wir spüren, welcher Fahrt wir fähig sind!« Natürlich ging es hier um Leben, Tod, die großen Überzeugungen im Leben und die unzerstörbare Kraft wahrer Menschlichkeit. Und doch können wir aus diesem Satz auch in sicheren Zeiten viel ziehen: Wer niemals seine Komfortzone verlässt und nicht bereit ist, auch mal fremdes Terrain zu betreten, nutzt nicht sein ganzes Potenzial und kann sich aufgrund dieser selbst auferlegten Einschränkung nicht weiterentwickeln.

Bei einem Coaching war ich einmal sehr erstaunt über einen jungen Teamleiter in der IT-Branche. Der Manager war Mitte 30 und führte ein Team von acht Mitarbeitern. Ich fragte ihn, wie er sich die nächsten 30 Jahre seiner Berufstätigkeit vorstelle. Und er meinte nur: »Genau so, wie es jetzt ist.« Er zeigte keinerlei Bedürfnis, in seinem Leben irgendetwas voranbringen oder erreichen zu wollen. Auch wenn ich eine solche Einstellung respektiere, so hoffe ich doch sehr für diesen jungen

Mann, dass er auf irgendeinem Gebiet neue Herausforderungen suchen oder finden wird. Denn ohne diese ist es unmöglich, sich zu entwickeln und zu entfalten. Stillstand kann nie ein Ziel sein. Es ist, wie Novalis, ein deutscher Lyriker des 18. Jahrhunderts, einmal sagte: »Alle Schranken sind nur des Übersteigens wegen da.«

Noch ein kurzes persönliches Wort zum Schluss dieses Kapitels. Wenn hier der Eindruck entsteht, es müsse immer ständig über alles geredet werden, dann möchte ich dies ein wenig korrigieren. Es ist wichtig, jene Dinge anzusprechen, die uns zu schaffen machen, die unsere Energie einschränken, die wir so nicht stehen lassen können – Themen, von denen wir glauben, dass sie uns möglichweise länger beschäftigen werden. Aber es gibt auch viele kleine alltägliche Dinge, die nicht immer erzählt oder diskutiert werden müssen. Mir erscheint es manchmal, dass – ganz unabhängig davon, wie gut oder entwicklungsbedürftig unsere Kommunikationsart ist – der Wunsch nach Transparenz und Offenheit nicht immer gut für das gegenseitige Vertrauen ist.

Durch mobile Kommunikation sind wir ohnehin schon durchgehend erreichbar, immer transparenter – mithilfe von Apps können wir sogar sehen, wo sich ein anderer gerade befindet. Das mag hilfreich sein bei kleinen Kindern oder auch bei Bergtouren, um im Notfall jemanden ausfindig machen zu können. Aber die kleinen Geheimnisse und Überraschungen machen das Leben doch eigentlich erst spannend. Eine Beziehung, in der alles transparent ist, in der es keine Überraschungen oder kommunikative Grauzonen gibt, in der die Kontexte sich nicht immer wieder wandeln, ist eine fruchtlose Beziehung. Das Vertrauen, das wir dem anderen entgegenbringen, die Bereitschaft, ihn wirklich so sein zu lassen, wie er ist, erfüllt uns auch auf Dauer mit tiefer Zufriedenheit. Wir sollten uns bewusst machen, wann wir unserem Partner Grenzen kommunizieren oder klare Kritik formulieren.

WAS UNS ZUSAMMENHÄLT

Wir hatten nun Gelegenheit, uns mit vielen Aspekten auseinanderzusetzen, die unsere Beziehungen betreffen: wie viele Beziehungen wir wollen, wie gut oder schlecht uns diese Beziehungen tun, wie die Kommunikation in schwierigen Zeiten verläuft oder auch, wie sich die Pflege von Beziehungen gestaltet. Es gibt so viele subjektive Aspekte, die die Qualität einer Beziehung beeinflussen, dass wir sehr achtsam sowohl auf unsere Bedürfnisse als auch auf die unserer Gegenüber achten müssen.

Gar nicht so einfach. Aber stellen Sie sich ein Leben ohne die anderen vor. Wie würden wir uns fühlen? Womöglich eine Zeit lang frei und unabhängig, froh, endlich einmal alles so tun und lassen zu können, wie uns gerade zumute ist. Keiner, mit dem wir etwas diskutieren und uns abstimmen müssen. Das klingt wunderbar. Doch relativ schnell würden wir uns dann doch mal wieder gerne mit anderen treffen, uns austauschen, lachen, Spaß haben oder auch genießen. Und deshalb ist es wichtig, sich bewusst zu machen, dass die Investition in eine Beziehung sich lohnt, auch wenn es mal Mühe macht. Dabei geht es im Wesentlichen um das Gefühl der Zugehörigkeit, aber auch ganz einfach um schöne Momente, die wir mit anderen erleben. Sie erinnern sich vielleicht an den Beginn dieses Kapitels: Die schönsten Momente unseres Lebens waren selten jene, in denen wir allein waren.

Umso wichtiger also, dass wir, nachdem wir Inventur gehalten haben, nun nach Möglichkeiten suchen, unsere Beziehungen zu beleben oder zu verbessern. In der Forschung gibt es einige Erkenntnisse darüber, was Beziehungen guttut und wie wir die Qualität einer Beziehung steigern können. Doch bevor wir dort eintauchen, vorab zur Erinnerung: Wir leben in einer sehr subjektiven Welt! Also prüfen Sie sorgfältig, was zu Ihnen und der ganz spezifischen Beziehung passt und mit welchen Ansätzen Sie sich wirklich wohl fühlen.

Die einfachste Art, jede Beziehung zu verbessern, ist meiner Erfahrung nach die Anerkennung. Jeder Mensch wünscht sich Anerkennung und sehnt sich danach, gesehen zu werden. Selbst jene, die immer behaupten, dass sie keine Anerkennung brauchen, sind oft beleidigt, wenn sie keine kriegen. Denken Sie an Fredrickson und Losada, die festgestellt hatten, dass es mehr positive Nachrichten braucht als negative. Wir haben uns angewöhnt, das Kritische zu äußern und das Gute still zu denken. Wenn wir dem anderen die Dinge sagen, die wir gut finden, zeigen wir ihm gleichzeitig, dass wir ihn wahrnehmen, ihn respektieren.

Die Freude des anderen über ein Lob oder eine Anerkennung tut uns übrigens auch selbst gut. Sollte Ihnen gerade nichts einfallen, wofür Sie der Person eine Anerkennung ausdrücken könnten, dann überlegen Sie, welche Stärken Ihre Freunde, Kollegen oder Ihr Partner haben. Wir hatten ja über verschiedene Wege gesprochen, wie wir unsere Stärken feststellen können. Geben Sie einem Freund Feedback zu einer Stärke, die Sie bei ihm wahrgenommen haben. So können Sie sich üben im Beobachten von Stärken.

Möglicherweise können Sie die Anerkennung auch durch eine kurze Nachricht weitergeben. Verstecken Sie ein Post-it in der Tasche oder am Badezimmerspiegel, senden Sie jemandem eine Nachricht mit ein paar netten Worten, oder schicken Sie als Dankeschön für eine Einladung oder eine Hilfestellung mal wieder eine Postkarte oder vielleicht sogar einen Dankesbrief. Glauben Sie mir, das macht mächtig Eindruck.

Solche Aufmerksamkeiten – wir sprachen bereits im Kapitel »Best friends forever« darüber – erfreuen fast alle Menschen. Vielleicht sammeln Sie ein paar Ideen, wie Sie Anerkennung und Aufmerksamkeiten weitergeben können, dann brauchen Sie im Bedarfsfall gar nicht erst lange nachzudenken: Wie wäre es mit einer Packung Lieblingseis, das Sie mitbringen? Oder einem überraschenden Blumenstrauß, der Bereitschaft, sich die Erfolge Ihres Gegenübers erzählen zu lassen und dabei aktiv-konstruktiv zuzuhören, damit, besondere Tage des anderen in den Kalender einzutragen und nachzufragen, zu gratulieren oder zu ermuntern … Sie sehen, es gibt viele Möglichkeiten, seinem Gegenüber einen wirklich schönen Gedanken zu übermitteln: Ich denke an dich.

Sie könnten auch ein Foto von einer schönen Erinnerung verschicken, die Sie teilen. Das gemeinsame Erinnern und Genießen von guten alten Zeiten und Erlebnissen verbindet miteinander. Fragen Sie sich: Was hat damals eigentlich so gutgetan? Was waren unsere Gemeinsamkeiten? Möglicherweise ergeben sich aus den Erinnerungen auch Ideen, was wieder aufleben könnte zwischen Ihnen. Zum Beispiel ein Hobby, das Sie einst gemeinsam gepflegt haben, oder ein Ort, der Sie verbindet und an den Sie mal wieder reisen könnten. Gemeinsame Erlebnisse verbinden und sind eine wichtige Grundlage vor allem in IRL (in real life).[56] Diese Erfahrungen sind ja auch das Besondere bei lange währenden Beziehungen. Dass wir den Freund schon aus alten Schultagen kennen und auch er weiß, wie die komische Schuldirektorin war, oder die Freundin schon den ersten Freund von damals kennt. Regelmäßige Treffen und gemeinsame Ereignisse zu erleben ist nicht nur für die Beziehung gut, sondern auch für die Lebenszufriedenheit, wie eine britische Forschungsarbeit zeigte. Darin wurde festgestellt, dass wir zehn Freunde brauchen, mit denen wir einen solchen Kontakt pflegen, um uns am wohlsten zu fühlen. Mehr strengt an – und weniger macht uns nicht so zufrieden.

Dabei sollte es natürlich nicht nur um das Schwelgen in schönen Erfahrungen gehen, sondern auch tiefgreifende Gespräche sind förderlich für eine gute Beziehung. Wir alle haben selbstverständlich großen Spaß daran, sich über die neuste Mode oder die letzten Sportergebnisse auszutauschen. Wir quatschen gern über dies und jenes und wollen nicht bei jeder Essenseinladung tiefschürfende Gespräche führen. Aber wir brauchen das Gefühl, dass wir Menschen haben, mit denen wir auch mal über ernstere Themen reden können. Das können Filme, Theaterstücke oder auch Musik, Bücher oder Kunst sein, die ein solches Gespräch anregen, aber auch Themen, die Sie persönlich gerade beschäftigen, Familiäres oder Politisches. Das gibt uns die Sicherheit, dass wir in der Not einen Ansprechpartner haben, der uns möglicherweise versteht.

Zugegeben, diese Ansätze sind jetzt nichts, was die Welt noch nicht gesehen hat. Doch wie sieht es in unserem Alltag aus? Überlegen Sie mal, wann Sie das letzte Mal einem Freund oder Kollegen Anerkennung und Wertschätzung gezeigt haben. Bestimmt haben Sie noch ganz persönliche Ideen und Erfahrungen dazu, was Ihren Beziehungen guttut. Setzen Sie sie um!

Ich kann Sie nur ermutigen, sich Zeit zu nehmen für Ihre Freundschaften und Beziehungen. Sie leben durch diese länger, sind zufriedener, und Ihr Dasein fühlt sich lebendiger an.

Beziehungen sind für den Menschen eine Möglichkeit, sich wertvoll zu fühlen. Wir können durch sie unser Entwicklungspotenzial entfalten, wir können uns erproben und uns in schwierigen Zeiten Rückhalt holen. Sie bieten uns die Chance, Anerkennung für die Leistungen einzufordern, die wir vollbracht haben, und sich Impulse zu holen für das, was wir gern noch weiterentwickeln wollen. Möglicherweise wird dann das ganz zu Beginn aufgezeigte Spannungsfeld gar nicht mehr so angespannt, sondern es bietet sich die Möglichkeit, die Beziehungen als Spielfeld zu erleben für unser Bedürfnis nach persönlicher Entfaltung. Nutzen Sie die Chance, sich auszuprobieren und zu trainieren!

TEIL 3: DIE ROLLE(N) MEINES LEBENS – DIE SHOW KANN BEGINNEN!

Wenn Sie an dieser Stelle des Buchs angelangt sind, haben Sie schon eine Menge geschafft – vielleicht rund 200 Seiten überflogen und ein paar Sätze fürs Leben mitgenommen. Vielleicht haben Sie auch schon das richtige analytische Werkzeug für eine ausführliche Selbstinventur verinnerlicht – und verfügen somit über das perfekte Fundament für eine Prüfung und Aufarbeitung Ihres alltäglichen privaten wie beruflichen Beziehungsgeflechts. Kann da noch viel schiefgehen? Nun, es ist wie so oft im Leben, die Antwort beginnt mit einem »Aber«. Sie lautet: Aber natürlich kann jetzt noch eine Menge schiefgehen!

Lassen Sie mich von einem Fall erzählen, den ich vor nicht allzu langer Zeit bei einem Coaching erlebt habe. Zoé – den Namen habe ich natürlich geändert – ist eine hübsche und durchaus erfolgreiche Frau Ende dreißig, verheiratet. Sie hat einen Sohn und eine Tochter, beide noch im Grundschulalter. Die Kinder gehen nach der Schule in einen Hort, der von einer Elterninitiative ins Leben gerufen wurde und bei dem die Eltern regelmäßig bei organisatorischen Fragen und Aufgaben mithelfen. Zoé kann ihren Beruf in der Redaktion einer überregionalen Tageszeitung weiterhin gut ausüben – wenn auch eingeschränkt, reduziert auf 30 Arbeitsstunden pro Woche. Im

Grunde also ein nicht ungewöhnliches Leben einer berufstätigen Mutter in einer mittelgroßen deutschen Stadt.

Wenn da nicht dieses bedrückende Gefühl wäre: Zoé fühlt sich seit geraumer Zeit abgehetzt und erschöpft. Der Alltag strengt sie enorm an. Sie ist sich zunehmend unsicher, wie ihre berufliche Laufbahn weitergehen soll – nach einem souveränen Start ins Berufsleben stockt ihre Karriere ein wenig. Die Folge: Zoé hat sich zuletzt immer häufiger mit ihrer Lebenssituation auseinandergesetzt. Und sie hat das durchaus nüchtern und reflektiert gemacht. So hat sie erkannt, dass ihr »innerer Kritiker« immer wieder flüstert, dass sie mit einem 30-Stunden-Job ohnehin nicht mehr so weit kommt, wie sie eigentlich mal vorhatte. Dass sie ihre Karriere eigentlich mehr oder weniger vergessen kann. Außerdem hat sie noch mehr Faktoren erkannt, die sie unter Druck setzen. Dass es in der Arbeit zum Beispiel diese junge, hoch motivierte Kollegin gibt, die viele Aufgaben scheinbar besser und schneller erledigt als sie. Dass sie kürzlich eine neue Chefin bekommen hat, die sie sehr viel mehr Kraft kostet als die vorherige. Sie legt ihr immer mehr Jobs auf den Tisch, die ihre alte Vorgesetzte noch selbst erledigt hatte. Zoé erkennt, dass eine neue Arbeitskultur Einzug in ihren Berufsalltag findet, dass alles sofort erledigt werden muss, ohne Rücksicht auf die Tatsache, dass ihre Kids spätestens um 16 Uhr vom Hort abgeholt werden müssen.

Da sie im Elternvorstand des Horts vertreten ist, hat sie außerdem einmal pro Woche abends ein Treffen mit den anderen Eltern. Und weil Zoé in letzter Zeit häufiger Kreuzschmerzen hat, geht sie regelmäßig ins Fitnessstudio. Ihr Mann passt dafür dreimal die Woche allein auf die Kinder auf. Sie merkt: Eigentlich hätte sie gern eine Mutter in der Nähe, bei der sie die Kinder ab und zu »parken« kann. Diese aber ist nicht mehr besonders gut auf den Beinen und braucht eigentlich selbst Unterstützung, was Zoé regelmäßig ein schlechtes Gewissen macht, da sie ihre Mutter viel zu selten besucht. Als dann auch noch eine Freundin anruft und meint, sie sei ja schwieriger zu erreichen als der Papst, überfällt Zoé endgültig das Gefühl: Sie rennt ihrem Leben hinterher.

Zoé beginnt zu überprüfen, was ihr wirklich im Leben wichtig ist. Zunächst reflektiert sie, was ihre Stärken sind, ob und wie sie diese in ihrem Alltag einsetzt. Das Organisieren und Versorgen von anderen fällt ihr leicht. Sie kann schnell erfassen, wie man eine Situation zum Positiven verändert. Sie erkennt auch, dass es ihr Spaß macht, Texte zu schreiben, und sie genau deswegen Journalistin geworden ist. Sie liest viel und setzt sich gern mit dem geschriebenen Wort auseinander. Kochen und Haushaltsaufgaben hingegen mag sie nicht besonders. Zoé erkennt ihre verschiedenen Persönlichkeitsteile in der Einzelbetrachtung sehr gut wieder – und merkt, dass sie viel Energie auf ihre »Nebenrolle« als Hausfrau einsetzt, die gar nicht zu ihr passt. Sie mag es zwar gemütlich und schön, aber sie ist keine »Super-Hausfrau«. Viel lieber verbringt sie die wertvolle Zeit neben dem Beruf mit ihren Kindern.

Schließlich siegt der Pragmatismus: Da ihr Familie und Verantwortung wichtig sind, beschließt Zoé, dass sie nach fünf Jahren Hortarbeit genug für diese Gemeinschaft getan hat. Stattdessen besucht sie nun mit den Kindern einmal pro Woche ihre Mutter, wenn sie vom Hort nach Hause fährt. Den Hortabend verbringt sie jetzt mit ihrem Mann – und die Kinder bekommen das Mobiltelefon der Mama, um sich jederzeit melden zu können, wenn es ein Problem gibt. Und am Wochenende haben die Eheleute vereinbart, dass sie abwechselnd samstags etwas ganz alleine unternehmen können. So kann Zoé wieder häufiger – auch spontan – mit ihren Freundinnen shoppen oder ihr Mann mit seinen Freunden Rennrad fahren.

Die Qualität ihrer Beziehungen verändert sich relativ rasch zum Besseren. Zoé verbringt mehr Zeit mit den Menschen, die ihr wirklich wichtig sind und die sie gern sieht. Sie zeigt einer Bekannten, die sie immer wieder mit ihren Sorgen vereinnahmt, ihre Grenzen auf. So wird Zoé langsam wieder Herrin über ihr Leben.

Nur in einem Bereich will es irgendwie gar nicht funktionieren: in der Arbeit. Ihre eigentlichen Stärken, das Organisationstalent und Verantwortungsbewusstsein, führen in der Redaktion auch weiterhin dazu, dass sich jeder gern mit großen und kleinen Aufgaben an sie wendet – obwohl diese gar nicht in Zoés Aufgabenbereich gehören. Auch hilft es ihr überhaupt nicht, dass sie die Beziehungsqualität in der Arbeit durch mehr gemeinsame Aktivitäten mit ihren Kollegen zu verbessern versucht. Und ihren inneren Kritiker kann sie auch nicht verstummen lassen. Der erzählt ihr im Büro auch weiterhin die ganze Zeit, dass sie ohnehin auf dem Abstellgleis stünde.

Warum schafft es Zoé nicht, die guten Ansätze aus dem Privatleben ins Berufsleben zu übertragen?

Das kann viele unterschiedliche Gründe haben. Ganz sicher hat es aber vor allem mit einem Faktor zu tun, den ich bisher in diesem Buch ausgeklammert habe: Wir leben vielleicht nur ein Leben – aber dieses eine Leben führen wir mit vielen unterschiedlichen Rollen. Und genau das ist es, was unser Leben so vielfältig macht. Wir können wie in einem Film unsere Rollen wählen und mit kreieren. Nur wenn wir der Regisseur sind, wenn wir unsere Rollen aktiv gestalten, haben wir das Gefühl, unser Leben wieder selbst in die Hand zu nehmen.

Zoé hat die Rolle als Ehepartnerin und Mutter, als Angestellte und Freundin, als Tochter und als Elternmitglied der Hortinitiative – um nur ein paar zu nennen. In jeder dieser Rollen verhält sie sich unterschiedlich, und es sind auch unterschiedliche Stärken von ihr gefragt. Dabei gibt es stabilere Rollen, wie die als Tochter und Mutter – und instabilere Rollen, wie beispielsweise Zoés Rolle bei der Elterninitiative.

Rollen werden zu einem Großteil durch die Erwartungen unseres Umfeldes geprägt. Sie beziehen sich auf unsere persönliche Erwartungshaltung, die wir in unserer Erziehung und im Alltag erlernt haben, ebenso wie auf unsere soziale Position. Eine Rolle besteht aus Rechten und Pflichten. Von einem Vater wird erwartet, dass er sich um sein Kind kümmert, er hat aber auch das Recht, dem Kind Dinge zu verbieten oder zu erlauben. Von einem Manager wird erwartet, dass er sich dafür einsetzt, ein Unternehmen zu stärken und voranzubringen. Er hat dadurch aber auch das Recht, ein besonderes Gehalt zu verdienen. Von einem Lehrer wird erwartet, dass er den Schülern Inhalte und soziale Verhaltensweisen vermittelt und dass er in stickigen Klassenräumen die Geräuschkulissen von rund dreißig hoch pubertierenden Jugendlichen dauerhaft erträgt. Er hat dafür aber auch das Recht, seinen Arbeitstag relativ eigenständig zu gestalten (mal abgesehen von den Unterrichtsstunden).

Wir haben also gewisse Erwartungen zu erfüllen, können aber die Rollen dennoch individuell so gestalten, dass sie zu uns passen. Wenn wir uns bewusst werden, wie viele Rollen wir erfüllen, dann wundert es nicht mehr, dass uns manchmal schwindelig wird. Denn in all diesen Rollen haben wir Beziehungen. In jeder Rolle wollen wir unsere Persönlichkeit einbringen und sie möglichst gut ausfüllen. Die Frage, die wir uns selbst jeden Tag mal mehr, mal weniger offen stellen, ist jedoch: Wie bekomme ich in meinem Leben das alles unter einen Hut – und zwar unter meinen Hut?

Zoé (berufstätig, verheiratet, Mutter) hat schon mal drei Rollen. Sie arbeitet in einer Redaktion, leitet dort zwei größere interne Projekte. Durch diesen Job hat sie also bereits eine gewisse Anzahl von Beziehungen zu Vorgesetzten, Projektmitgliedern und Mitarbeitern. Als Mutter von zwei Kindern hat sie nicht nur eine Beziehung zu den Kindern, sondern auch zur Kindergärtnerin und später den Lehrern, vielleicht sogar zu dem Nachhilfelehrer oder Sporttrainer, ganz sicher zu den Müttern und Vätern der Freunde der Kinder und so weiter. Ach ja, verheiratet ist sie auch noch! In der Regel geht es hier um die Beziehung zu dem Partner, der möglicherweise auch gleichzeitig die Rolle des Vaters der Kinder ausfüllt, was heute allerdings nicht mehr selbstverständlich ist und die Sache zusätzlich ausweiten würde. Nicht mitgezählt sind bis zu diesem Punkt die Rollen als Tochter, Kummerkasten-Freundin und als Gründungsmitglied der Elterninitiative. Sie sehen: An einem völlig gewöhnlichen Tag im Leben unserer Protagonistin bestehen unzählige Erwartungen an Zoé – und zusätzlich Erwartungen an sich selbst, alle Aufgaben und Erwartungen möglichst gut zu bewältigen.

DIE ROLLEN MEINES LEBENS

Erforschen Sie die verschiedenen Rollen in Ihrem Leben! Schreiben Sie für jede Rolle eine Karte. Legen Sie die Karten in einem Kreis auf den Boden. In die Mitte des Kreises legen Sie die Karte »Ich« (all jene, die gern strukturiert mit diesen Inhalten arbeiten, finden im Anhang eine beispielhafte Skizze, die Sie dabei unterstützen soll, über die verschiedenen Rollen und Beziehungen in Ihrem Leben mehr Klarheit zu bekommen). Nun wechseln Sie die Perspektiven. Stellen Sie sich erst mal in die Mitte und betrachten die

Rollen, die Sie im Alltag erfüllen. Gibt es bestimmte Rollen, wo es Sie richtig hinzieht? Gibt es möglicherweise Rollen, die Sie ungern in Augenschein nehmen? Haben Sie das Gefühl, es sind zu viele Rollen? Oder haben Sie das Gefühl, dass etwas fehlt?

Wenn Sie die verschiedenen Rollen vom Zentrum aus betrachtet haben, stellen Sie sich auf eine Rolle/Karte, und erforschen Sie, wie es Ihnen damit geht. Welche Energie bringt diese Rolle mit sich? Welche Assoziationen haben Sie bei dieser Rolle?

Welche davon machen Ihnen viel Freude, welche empfinden Sie eher als lästige Pflicht?

Die Rollen unseres Lebens sind wie ein Spinnennetz, das uns in guten Zeiten einen Rückzugsort, einen Schutz und sogar eine Art Heimat bietet. Sie können unser Leben stabilisieren, oft sind sie auch miteinander von mehreren Seiten verbunden. Die Rollen können sich aber auch zu einem undurchschaubaren Geflecht verdichten, das uns jeder Bewegungsmöglichkeit beraubt. Das uns am Ende die Luft zum Atmen und zum Existieren nimmt. Deshalb lohnt es sich, auch bei seinen Rollen hin und wieder mal zu entrümpeln.

Es ist also sehr sinnvoll, sich nach einer Selbst- und Beziehungsinventur bewusst zu machen, wie vielen Rollen wir eigentlich gerecht werden wollen. Wir sollten uns regelmäßig die Frage stellen: Können wir alle diese Rollen überhaupt erfüllen? Oder können wir vielleicht die eine oder andere Rolle einfach ablegen?

In der Soziologie wird davon ausgegangen, dass wir drei große, zentrale Rollen im Leben haben: die Berufsrolle, die Elternrolle und die Partnerrolle. Hinzu kommen im Durchschnitt fünf weitere Rollen, zum Beispiel eine Verwandtschaftsrolle, eine Freundesrolle, eine Nachbarschaftsrolle, eine Rolle in der Sportmannschaft und so weiter. Gerne übernehmen wir uns bei der freiwilligen Auswahl unserer Rollen. Müssen wir wirklich auch noch Elternbeiratsvorsitzende in der Schule sein? Ist es unbedingt nötig, noch Mitglied im Kunstverein zu werden? Die Fragen sollte man keinesfalls vorschnell mit »Nein!« beantworten. Diese Tätigkeiten und Engagements können womöglich genau jene sein, die unser Leben erst richtig lebenswert machen, weil wir uns für die Gemeinschaft engagieren oder uns mit schönen Dingen entspannen. Das muss jeder ganz individuell für sich entscheiden.

Es gibt gewisse Parameter, die sind festgelegt. Ich werde in diesem Leben nicht mehr die Rolle einer Giraffe einnehmen können. Da kann ich mich noch so sehr anstrengen und den Kopf nach oben strecken. Aber die Rollen, die wir bereits haben, können wir so gestalten, dass wir uns in ihnen wohlfühlen.

Komplizierter wird es, wenn durch die Vielzahl an Beziehungen immer wieder regelrechte Rollenkonflikte aufbrechen. Es gibt häufig unterschiedliche Interessen zwischen den verschiedenen Rollen, beispielsweise zwischen der Rolle, als bester Kumpel am Wochenende mit zum Skifahren zu gehen, und der, als guter Partner mit der Freundin ein romantisches Wochenende zu verbringen. Die Abstimmung und der Wechsel zwischen verschiedenen Rollen ist für viele immer wieder eine Herausforderung.

Es hat sich als eine gute Hilfestellung erwiesen, seinen Rollenwechsel bewusst und manchmal auch durch Symbole deutlich zu machen. Wenn wir beispielsweise in Business-Kleidung aus dem Büro kommen, ist es hilfreich, sich zu Hause in ein Outfit zu werfen, das signalisiert: Ich bin jetzt in der Rolle des Partners. Damit unterstützen wir unsere eigene Wahrnehmung und die der anderen.

Manchmal gibt es allerdings auch Rollenkonflikte. Beispielsweise wenn die Mutter von zwei Kindern gerade im Meeting sitzt und die Schule anruft, dass ein Kind wegen Erkrankung abgeholt werden muss. In solch einem Fall gibt es keinen offiziellen Rollenwechsel. Dann muss jemand das Kind abholen, und dieser Jemand ist entweder die Mutter selbst, oder aber sie muss jemanden organisieren. Nur das Meeting, das muss dann erst mal warten. Jede und jeder Alleinerziehende kann von diesem Rollenkonflikt ein Lied singen.

Jeder von uns kennt diese Momente, wo alle möglichen Erwartungen, egal ob von anderen oder einem selbst, uns gegenüberstehen. Deswegen ist es gut und sinnvoll, sich bewusst zu machen, dass es eine Rolle ist, die wir da innehaben. Sie ist nicht unser Leben und nicht unsere Persönlichkeit. Das erleichtert es in der Regel, mit den unterschiedlichen Anforderungen bewusster umzugehen.

GANZ IN SEINER ROLLE AUFGEHEN

Gehen Sie noch mal in die verschiedenen Rollen hinein, und prüfen Sie danach, welche Erwartungen diese mit sich bringen. Welche sind Ihre persönlichen Erwartungen an sich selbst, und welche werden von außen an Sie herangetragen? Gibt es Rollen, zwischen denen ein Konflikt besteht? Welche Rolle bereitet mir persönlich Schwierigkeiten, weil ich immer wieder hin und her gerissen bin zwischen den verschiedenen Erwartungen? Welche meiner Fähigkeiten und Stärken sind in welcher Rolle hilfreich? Und welche Rolle fühlt sich gut an, gibt mir Kraft und fühlt sich lebendig an?

Manchmal spüren wir einen nur bedingt lösungsorientierten Impuls. Nämlich, dass man am liebsten einfach alles hinschmeißen und sagen möchte: »Lasst mich doch einfach in Ruhe, ich mache das jetzt so, wie ich es will!« Ein Verhalten, das zutiefst menschlich und nachvollziehbar sein mag. Doch eine Haltung, die losgelöst ist von jeglichen sozialen Rollen, Erwartungen und Verpflichtungen, ist schlichtweg unrealistisch. Wir leben in einer Gesellschaft, die gewisse Anforderungen an ihre Mitglieder hat, gewissen kulturellen Prägungen unterliegt und darauf angewiesen ist, dass wir unseren Beitrag leisten. Deshalb sind wir in der Regel auch dazu bereit, bestimmte Rollen zu übernehmen. Doch – und das ist der entscheidende Punkt – steht es jedem von uns innerhalb eines Rahmens frei, eine Rolle so zu interpretieren und zu gestalten, wie es wirklich zu uns passt. Jeder Rolle stehen Erwartungen gegenüber, deren Einhaltung mit sozialen Sanktionen verbunden ist. Erfüllen wir diese, bekommen wir positive Rückmeldungen und werden beispielsweise sozial enger eingebunden. Erfüllen wir die Erwartungen nicht, müssen wir mit negativen Reaktionen rechnen, die von Ausgrenzung bis zur öffentlichen Bloßstellung (was zu Zeiten von Facebook und Co. schnell passieren kann) führen kann oder (sollten sich die Rollenverletzungen tatsächlich im illegalen Bereich bewegen) auch mit Geldstrafen oder Freiheitsentzug. Und dennoch erlaubt jede Definition einer Rolle einen individuellen Freiraum – der je nach vorherrschendem Zeitgeist auch variieren kann.

Nehmen wir die Rolle des Ehepartners. Welche Erwartungen werden heute an einen Ehepartner gestellt? Treue? Versorgung? Loyalität? Sicherheit? Humor? Vor 50 Jahren wären die Erwartungen noch ziemlich eindeutig gewesen. Da galten wirtschaftliche Sicherheit und Treue als wichtigste Erwartung an eine Ehe. Heute stehen eher Begriffe wie Zuverlässigkeit, Verständnis und Verbindlichkeit im Vordergrund. Auch die Erwartungen an eine Freundschaft haben sich in den letzten 60 Jahren radikal verändert. Während in den 50er-Jahren Freundschaften eher den Zweck hatten, das berufliche Fortkommen zu unterstützen, wird genau das heute als unmoralisch angesehen. Eine der wichtigsten Komponenten einer Freundschaft – das zeigen Umfragen – scheint mittlerweile die Unterstützung in schwierigen Zeiten zu sein. Diese Beispiele sollen nur aufzeigen, dass die Erwartungen an eine soziale Rolle auch vom zeitlichen und gesellschaftlichen Kontext abhängig sind. Und selbst in der kleinsten Einheit, der Ehe beziehungsweise der Freundschaft, werden die gegenseitigen Erwartungen dazu noch individuell definiert und abgestimmt. Genau darin liegt jedoch eine riesige Chance: Dieser Freiraum ermöglicht es uns, unsere Rollen und die an sie gestellten Erwartungen so zu gestalten, dass sie unseren Bedürfnissen, Stärken und Haltungen entsprechen.

Mir berichtete einmal ein Freund von seiner Beziehung, die über viele Jahre sehr gut und ohne größere Konflikte war. Er lernte seine Partnerin kennen, als beide Anfang 20 waren. Sie verbrachten einen sehr harmonischen Alltag miteinander – zu einer Zeit, in der die Biografien vieler Gleichaltriger eher durch Wechselhaftigkeit und Austesten geprägt waren. Nicht so bei diesem Paar. Hier bestanden ein großes Vertrauen, echte Nähe und auch eine große Offenheit zueinander. Eine im Großen und Ganzen vorbildliche Beziehung. Erst als das Paar begann, sich mit der Familienplanung auseinanderzusetzen, prallten beide mit gänzlich unterschiedlichen Vorstellungen aneinander. Der Streit entzündete sich an der jeweils anderen Vorstellung von der Ausübung der späteren Elternrolle. Während der Mann gerne als Versorger mit seiner Familie in einem kleinen Häuschen wohnen wollte, wollte die Partnerin das gemeinsame Kind auf einer gemeinschaftlichen Basis in einer Wohngemeinschaft aufwachsen lassen – eine Lebensform, die sich der Mann gar nicht vorstellen konnte. Die unterschiedliche Ausgestaltung der Rolle als Eltern stellte sich für die beiden als unvereinbar heraus – die Beziehung zerbrach an dieser Frage. Das zeigt beispielhaft, wie wichtig die Rollen »Eltern« und »Partner« im Alltag sind.

Es geht also weniger darum, sich von allen Rollen und Erwartungen frei zu machen. Es geht vielmehr darum, sich die Rollen und ihre Ausführungen bewusst zu machen. Sich immer wieder daran zu erinnern, dass ich zum einen prüfen darf, ob die Erwartungen des anderen an diese Rolle berechtigt sind (wenn z.B. die Kinder sich wünschen, dass die Mutter sich Tag und Nacht um sie kümmert). Zum anderen aber auch Klarheit darüber zu bekommen, dass es unendlich viele Möglichkeiten gibt, die Erwartungen an unsere Rolle zu erfüllen. So kann Unterstützung beispielsweise sehr unterschiedlich interpretiert werden. Manchmal ist eine finanzielle Unterstützung angemessen, mal eine moralische, mal eine aktive, und manchmal kann Unterstützung auch bedeuten, einfach nur zuzuhören. Da hat jeder seine ganz persönliche Form.

Wenn wir einige Impulse, die dieses Buch gibt, beherzigen, besteht die finale und vielleicht wichtigste Herausforderung darin, unsere verschiedenen Rollen so zu gestalten, dass sie uns erlauben, unsere Werte, Stärken und Ziele zu leben und zu verfolgen – und dabei dennoch stets unserer eigenen Rolle gerecht zu werden. Rollen können uns einschränken – oder sie schenken uns die Möglichkeit, verschiedene Bereiche in unserem Leben völlig unterschiedlich und in einem bestimmten Rahmen frei zu gestalten. Es ist durchaus so, dass wir durch das bewusste Ausleben unserer Rolle neue Fähigkeiten entwickeln oder erkennen können. Eine aktiv interpretierte Rolle kann uns Selbstbewusstsein und Stärke geben. Ein Rettungsarzt ist möglicherweise in einer Notfallsituation aufgrund seiner Rolle mutiger, als er es im Privatleben sein würde. Die Rolle aber stellt seine Bereitschaft zu helfen in den Vordergrund.

Umgekehrt kann es auch sein, dass wir durch die Erwartungen, die mit bestimmten Rollen verbunden sind, uns in unserer Handlungsbereitschaft einschränken. Als Michelle Obama als First Lady von den Vereinigten Staaten erstmals ärmellose Kleider trug, wurde intensiv darüber diskutiert, ob diese »lockere« Kleidung ihrer Rolle gerecht werde. Zuvor hatte es sich noch keine andere First Lady getraut, diesen Schritt zu gehen. Erfreulicherweise ist diese Kleiderform mittlerweile auch auf dem diplomatischen Parkett anerkannt.

Aber es braucht Mut dazu, seine Rollen individuell zu gestalten, denn wir müssen damit rechnen, dass nicht jeder einverstanden ist, wie wir unsere Rolle interpretieren und verstehen. Wer sich aber seiner Rollen, Stärken und Beziehungen bewusst ist, wer sich dazu entscheidet, seine eigene Rolle zu gestalten, damit er sich im Leben wohler fühlt, wirkt souverän, gerade weil er sich so verhält, wie es zu ihm passt.

Blicken wir noch einmal zurück auf Zoé und auf ihr scheinbar unlösbares Dilemma, dass sie bei aller Reflexion ihren Erkenntnisgewinn in der Arbeit nicht zu ihrem Vorteil umsetzen konnte. Zoés Persönlichkeit hat einen starken fürsorglichen Aspekt. Der hilft ihr bei der Versorgung ihrer Familie. Sie kümmert sich um die Kinder und um die schwächelnde Mutter. In der Arbeit aber ist diese Stärke nicht gut. Sie führt dazu, dass Kollegen ihre Bereitschaft, andere zu unterstützen, ausnutzen. Viel lieber wäre ihr es, wenn sie ihre anderen Stärken, die Kreativität, die Kontaktfreude und ihre Neugierde, bei ihrer Arbeit mehr nutzen könnte. Ihre Rolle als Textredakteurin würde hierfür auch jede Menge Ansätze bieten. Durch die vielen kleinen Jobs und administrativen Aufgaben, die sie von anderen »erbt«, kommt sie aber gar nicht mehr dazu, das zu tun, was sie gerne tun würde: Texte schreiben. Nun muss sich Zoé überlegen, welche Stärken sie in ihrem Job nutzen möchte und welche sie möglicherweise für zu Hause aufhebt.

Die unterschiedlichen Rollen, die Zoé – und auch uns – in unseren Leben begleiten, gilt es so aus- und umzugestalten, dass wir uns in der Rolle wohlfühlen.

Es könnte sein, dass die Kollegin von Zoé enttäuscht ist, weil sie scheinbar nicht mehr so »hilfsbereit« ist. Die anderen Eltern aus der Elterninitiative finden sie womöglich egoistisch, weil sie sich lieber um ihr »Privatleben« kümmert. Und ihre Mutter erwartet womöglich plötzlich, dass Zoé abends auch mal wieder ohne die Kinder »in Ruhe« vorbeikommt. Doch es ist wichtig, dass wir uns trauen, die Rollen so zu erfüllen, wie sie zu uns passen.

Es geht mir darum, dass wir uns überlegen, was für uns angemessen ist. Möglicherweise tut es uns gut, mal die ganzen Regeln über Bord zu werfen und uns darüber klar zu werden, welche Teile unserer Rollen notwendig und welche nur optional sind. Trauen Sie sich, Ihre Rollen auch mal anders zu leben! Gehen Sie spielerisch daran, mit einem gewissen Abstand, wissend, dass Sie nur eine Rolle leben! Leben Sie Ihre Werte, verfolgen Sie das, was Ihnen wichtig ist, und lassen Sie los, wo die Rolle nicht zu Ihnen passt! Leben Sie wild und gefährlich, wenn Sie das Bedürfnis danach haben, seien Sie mutig, und lassen Sie sich auf Neues ein. Aber bleiben Sie dabei achtsam, und erforschen Sie, was in Ihnen steckt und was zu Ihnen passt. Und vor allem: Genießen Sie das Leben!

ANHANG

Auswertung Selbstinventur

Ergebnis
Der höchste Wert, der in den einzelnen Themenbereichen zu erreichen ist, beträgt 25. Der niedrigste Wert liegt bei 5. Ein Wert unterhalb von 15 zeigt, dass dieser Bereich ein wenig Aufmerksamkeit von Ihnen benötigen könnte. Bei einem Wert zwischen 16 und 19 sind Sie dem Thema gegenüber aufgeschlossen, haben aber noch deutliches Entwicklungspotenzial. Ein Wert zwischen 20 und 23 zeigt, dass Sie in diesem Bereich gute Kenntnisse beziehungsweise Fähigkeiten haben. Und Werte über 23 könnten auf eine Stärke von Ihnen hinweisen.

Stärke
Wenn Sie hier einen hohen Wert haben, kennen Sie Ihre Stärken, und Sie setzen sie gezielt und bewusst ein. Sie haben einen natürlichen Zugang zu Ihrem Potenzial und nutzen es in guten wie in schlechten Zeiten. Sollte der Wert hier nicht so hoch sein, sollten Sie sich mehr mit Ihren Stärken beschäftigen und erforschen, wie Sie davon im Alltag profitieren können. Anregungen hierzu können Sie im Teil Selbstinventur im zweiten Kapitel finden.

Sinn

Wenn Sie hier einen hohen Wert haben, dann erscheinen Ihnen viele Dinge, die Sie tun, als sinnvoll, und es ist Ihnen wichtig, dass Sie Ihr tägliches Wirken in einen höheren Zusammenhang stellen. Bei einem niedrigeren Wert fehlt Ihnen manchmal die Idee, wozu das alles Nütze sein soll. Sinnvolles Handeln aber macht zufriedener und erfolgreicher. Überlegen Sie, wie Sie Ihre Handlungen noch besser in das große Gesamtbild übertragen können. Anregungen dazu bekommen Sie im Teil Selbstinventur in Kapitel drei.

Optimismus

Wenn Sie hier einen hohen Wert haben, sehen Sie die Welt eher optimistisch und haben eine positive Haltung zum Leben. Sie lachen gerne und wissen, wie Sie sich bei Laune halten können. Wenn das Leben mal nicht so leicht ist, haben Sie dennoch Ihre Strategien entwickelt, damit umzugehen. Ist dieser Wert niedrig, dann können Sie hier noch Potenzial entfalten, damit Sie eine positivere Einstellung zu sich und dem Leben bekommen. Übungen hierzu finden Sie im Teil Selbstinventur im ersten Kapitel.

Erfolg

Wenn Sie hier einen hohen Wert haben, dann ist Ihnen bewusst, welchen Einfluss Ihr Handeln auf Ihr Leben hat. Sie nehmen gern die Dinge in die Hand und bringen sie, einmal angefangen, auch zu Ende. Ihr Leben ist zielorientiert und mit Erfolgen bestückt. Sollten Sie hier einen niedrigeren Wert haben, wäre es hilfreich, sich bewusster zu machen, was Sie schon alles in Ihrem Leben erreicht haben und wie viel Sie Ihren Fähigkeiten verdanken. Lassen Sie sich durch weitere Übungen im Teil Selbstinventur in Kapitel 4 inspirieren.

Auswertung Beziehungsinventur

Ergebnis

Der höchste Wert, der in den einzelnen Themenbereichen zu erreichen ist, beträgt 25. Der niedrigste Wert liegt bei 5. Ein Wert unterhalb von 15 zeigt, dass dieser Bereich ein wenig Aufmerksamkeit von Ihnen benötigen könnte. Bei einem Wert zwischen 16 und 19 sind Sie dem Thema gegenüber aufgeschlossen, haben aber noch deutliches Entwicklungspotenzial. Ein Wert zwischen 20 und 23 zeigt, dass Sie in diesem Bereich gute Kenntnisse beziehungsweise Fähigkeiten haben. Und Werte über 23 könnten auf eine Stärke von Ihnen hinweisen.

Konflikt

Wenn Sie hier einen hohen Wert haben, fällt es Ihnen leicht, für das einzustehen, was Ihnen wichtig ist. Sie können klar Ihre Meinung äußern und haben keine Sorgen, wenn jemand möglicherweise deshalb von Ihnen nicht begeistert ist. Haben Sie hier einen niedrigen Wert, dann ist Ihnen die Anerkennung von anderen sehr wichtig, und Sie stecken lieber einmal zurück, bevor Sie es eskalieren lassen. Wenn Sie hier gerne etwas Unterstützung hätten, dann schauen Sie sich doch mal das vierte Kapitel im zweiten Teil an.

Beziehungen

Wenn Sie hier einen hohen Wert haben, sind Sie gut sozial eingebunden. Sie haben Freunde, denen Sie gerne helfen, und Ihnen wird auch geholfen. Sie haben ein gutes Einfühlungsvermögen und fühlen sich unter Menschen immer wohl. Sollte dieser Wert niedriger sein, dann fällt es Ihnen nicht immer ganz leicht, sich in den anderen hineinzuversetzen, und der Zugang zu anderen tut sich erst später auf. Einige Informationen und

Erläuterungen zum Thema Beziehungen finden Sie im zweiten Teil des Buches im zweiten Kapitel.

Nähe/Distanz

Wenn Sie hier einen hohen Wert haben, haben Sie ein gutes Gefühl für Ihre Grenzen und den Raum, den Sie brauchen, um sich wohlzufühlen. Sie können dies auch gut kommunizieren und fühlen sich selten einsam. Sollte dieser Wert niedriger sein, fällt es Ihnen schwer, dem anderen mitzuteilen, wann Sie eine Auszeit brauchen und wann Unterstützung. Sie überfordern sich manchmal selbst, indem Sie versuchen, den Erwartungen anderer gerecht zu werden. Schauen Sie sich mal Kapitel zwei des zweiten Teils in diesem Buch an. Vielleicht finden Sie dort ein paar Anregungen.

Geben/Nehmen

Wenn Sie hier einen hohen Wert haben, helfen Sie gerne, können sich aber auch gut helfen lassen. Sie bemühen sich um ein ausgeglichenes Verhältnis von Geben und Nehmen innerhalb Ihrer Beziehungen. Ist dieser Wert eher niedriger, dann kann es Ihnen leicht passieren, dass Sie mehr geben, als Sie bekommen, und sich dabei manchmal verausgaben. Möglicherweise können Sie auch Ihre Bedürfnisse nicht so gut formulieren, sodass es schwierig ist, Ihnen auch mal eine Freude zu machen. Inspiration zu diesem Thema finden Sie in Kapitel zwei des ersten Teils.

Die wissenschaftlich nachgewiesenen acht besten Stimmungsmacher

- **Best possible self**
  Vier Tage lang jeden Tag 20 Minuten lang aufschreiben, wie das zukünftige Leben aussehen wird, wenn alles gut geklappt hat und alle Ziele erreicht worden sind.
- **Dankbarkeit ausdrücken**
  Ganz gleich, ob Sie die Dankbarkeit in einem wie oben vorgeschlagenen Dankbarkeitstagebuch festhalten, jemandem, der ihr Leben verändert hat, einen Dankbarkeitsbrief schreiben oder ob Sie möglicherweise jemandem ganz alltäglich Ihre Dankbarkeit ausdrücken – es steigert alles Ihr Wohlbefinden.
- **Sport**
  Sport versorgt jene Bereiche, die für eine gute Stimmung mit verantwortlich sind, mit Endorphinen. Regelmäßiger Sport tut nicht nur dem Körper gut, sondern auch der Seele.
- **Anderen Gutes tun**
  Die beste Methode, sich selbst etwas Gutes zu tun, ist, anderen etwas Gutes tun.
- **Schöne Erinnerungen genießen**
  Der Genuss verlangsamt unsere Wahrnehmung, und dadurch nehmen wir die schönen Erinnerungen intensiver und besser wahr.
- **Vergeben**
  Auf jemanden wütend zu sein oder von ihm enttäuscht zu sein bindet ungeheuer viel Kraft. Wie erleichternd ist es dann, wenn wir in der Lage sind zu vergeben.
- **Seine Stärken nutzen**
  Durch das Nutzen der eigenen Stärken fühlen wir uns kompetent und erfolgreich. Beides hebt enorm die Stimmung.

- **Meditation**
  Viele gehirnphysiologische Untersuchungen haben gezeigt, wie stark Meditation unser Gehirn verändert. Dabei werden vor allem die Ariale vergrößert, die für unser Wohlbefinden relevant sind.

Exkurs VIA Charakterstärkentest

Sie haben die Möglichkeit, durch einen kostenlosen Test unter www.charakterstaerken.org Ihre Signaturstärken festzustellen. Dabei werden Sie als Ergebnis eine Auflistung aller 24 Charakterstärken finden, die aufgrund von Prozentzahlen in eine bestimmte Reihenfolge gebracht werden. Die Stärken mit den höchsten Prozentzahlen werden als Ihre Signaturstärken beschrieben. Dabei variieren in der wissenschaftlichen Anwendung die Aussagen darüber, welches die Signaturstärken sind zwischen den obersten 3 bis 7 Stärken. Sie dürfen also selbst entscheiden. Aber bitte überprüfen Sie, ob Sie sich mit diesen Charakterstärken auch wirklich identifizieren können. Diese Charakterstärken sind nicht dauerhaft stabil, sondern können sich durch besondere Ereignisse oder im Laufe der persönlichen Entwicklung verändern. Entscheidend ist Ihr Gefühl mit diesen Charakterstärken.

Stellen Sie sich folgende Fragen:

- Passt diese Stärke zu mir?
- Bin ich aufgeregt, wenn ich diese Stärke nutze?
- Lerne ich in einem Themenbereich zu dieser Stärke schnell?
- Habe ich Interesse daran, Themen, die zu dieser Stärke passen, weiterzuentwickeln?
- Würden Sie bei einem Verbot, diese Stärke nutzen zu dürfen, das Gefühl haben, das geht überhaupt nicht?

- Wenn Sie diese Stärke ausüben, fühlen Sie sich dann eher belebt als erschöpft?
- Haben Sie einen inneren Wunsch, diese Stärke einzusetzen?

Es ist aber nicht nur interessant, welche Stärken wir haben, sondern auch, welche Wechselwirkungen zwischen den Stärken bestehen. Auch die Frage, ob wir unsere Signaturstärken überwiegend in ein oder mehreren Tugenden haben, kann uns Aufschluss über unsere Fähigkeiten geben.

Im Folgenden stelle ich Ihnen die 24 Charakterstärken kurz vor:

Kreativität Bei der Kreativität geht es darum, dass man ungewöhnliche, originelle Lösungen findet für praktische, alltägliche Dinge. Dabei sind die Ideen realitätsnah und gut umsetzbar und bei Menschen mit dieser Stärke meistens in mehreren Lebensbereichen spürbar. Zeitdruck und eine kritische Haltung gegenüber der ersten Idee sind für diese Stärke kontraproduktiv. Wird diese Stärke überbetont, kann das für alle Beteiligten zu Spannungen führen, da immer wieder Dinge anders als bisher gemacht werden müssen, denn Routine ist für Menschen mit dieser Stärke ein Gräuel.

Neugier Diese Stärke äußert sich durch großes Interesse an neuen Dingen. Neugierige Menschen lieben die Abwechslung und erforschen gern neue Gebiete. Im Urlaub gehen sie immer wieder an neue Plätze und wollen Erfahrungen sammeln. Sie erforschen das, was sie interessiert – das können sowohl Sachthemen sein als auch Menschen. Allerdings kann es bei einer zu ausgeprägten Stärke passieren, dass der neugierige Mensch die Grenzen seiner Mitmenschen immer wieder überschreitet.

Urteilsvermögen Menschen mit einem starken Urteilsvermögen sind aufgeschlossen, durchdenken eine Entscheidung gründlich und versuchen alle Optionen im Auge zu behalten. Sie sind gute Ratgeber bei schwierigen Entscheidungen, da sie einen sehr kritischen Geist haben. Ihre Kompetenz liegt in dem objektiven Sammeln und Auswerten von relevanten Informationen. Ist diese Stärke allerdings zu ausgeprägt, kann eine Entscheidung sehr schwer fallen, da die Person Sorge hat, dass vielleicht noch irgendeine wichtige Information vergessen wurde.

Liebe zum Lernen Liebe zum Lernen beschreibt entgegen der Neugier einen Spaß am systematischen Erarbeiten und Lernen von neuen Inhalten. Menschen mit dieser Stärke erforschen nicht nur neue Themen, sondern sie arbeiten sich bis ins letzte Detail ein und lernen die entsprechenden Fähigkeiten. Es sind wissbegierige Menschen, die gerne mehr über das Leben und die Welt wissen wollen. Ist diese Stärke zu ausgeprägt, wirken die Menschen leicht altklug und überheblich.

Weisheit Wohlfühlen tut sich der weise Mensch, wenn er in der Lage ist, seine gesammelten Erfahrungen und sein umfangreiches Wissen miteinander zu vereinen. Diese Menschen können gut auf der Metaebene die Dinge betrachten und haben dadurch genügend Abstand, um anderen weise und gute Ratschläge geben zu können. Wird diese Stärke übertrieben, können die Menschen leicht etwas oberlehrerhaft wirken.

Authentizität Authentische Menschen sind ehrlich und glaubwürdig. Es ist ihnen wichtig, sich selbst und anderen gegenüber nichts vorzutäuschen. Sie sind ihren Prinzipien treu und leben unbeugsam nach ihren Überzeugungen und Haltungen. Es ist ihnen wichtig, keine rosarote Brille aufzusetzen, sondern die Realität klar zu erkennen. Menschen mit einer zu ausgeprägten Authentizität können mit ihrer Ehrlichkeit leicht andere verletzen.

Tapferkeit Tapferkeit gehört zu der Tugend Mut. Sie unterscheidet sich vom Mut durch die Leidensfähigkeit. Tapfere Menschen machen sich unabhängig von drohenden Gefahren stark für Dinge, die ihnen wichtig sind, und treten für Gerechtigkeit ein. Sie verfolgen ein Ziel ungeachtet möglicher Strafen oder Gefahren. Im übertriebenen Maße kann diese Stärke zu Waghalsigkeit und Übermut führen.

Ausdauer Menschen, die Ausdauer als Signaturstärke haben, sind beharrlich in der Verfolgung ihrer Ziele. Sie bringen Dinge, die sie einmal begonnen haben, zu Ende und halten auch in Phasen durch, in denen andere gern aufgeben. Dabei sind sie flexibel und realistisch hinsichtlich der aktuellen Situation. In zu großem Maße kann diese Stärke dazu führen, dass derjenige viel Zeit und Kraft für Dinge investiert, die sich mittlerweile als nebensächlich herausgestellt haben.

Enthusiasmus Diese Stärke gibt den Menschen einen vitalen und kraftvollen Eindruck. Sie gehen Aufgaben und Projekte mit Schwung und Vitalität an und freuen sich über fast alles. Sie können sich für alles Mögliche begeistern und stecken auch gern ihr Umfeld mit dieser Begeisterung an. In zu ausgeprägtem Maße kann diese Stärke zu Erschöpfung und Verausgabung führen.

Freundlichkeit Mitgefühl, Fürsorglichkeit und Großzügigkeit sind die Kennzeichen eines Menschen mit der Stärke Freundlichkeit. Diese Menschen zeigen eine besonders große Wertschätzung gegenüber anderen und tun diesen auch immer gerne einen Gefallen (egal, ob auf der persönlichen oder auf einer allgemeinen Ebene). Ist die Stärke zu ausgeprägt, kann es passieren, dass diese Menschen ausgenutzt werden oder zu wenig für sich selbst sorgen.

Bindungsfähigkeit Menschen mit dieser Stärke sind tiefgehende Beziehungen wichtig. Sie brauchen Akzeptanz und Vertrauen und besitzen viel gegenseitige Hilfsbereitschaft. Diese Menschen können gut Zuneigung zeigen, aber sind auch in der Lage, Liebe anzunehmen. Ist diese Stärke zu ausgeprägt, kann die Person in Beziehungen zu sehr klammern und auf das Gegenüber beengend wirken.

Soziale Intelligenz Menschen mit dieser Stärke haben ein sehr gutes Gefühl für sich und andere. Sie nehmen fremde und eigene Gefühle gut wahr und haben eine hohe emotionale Intelligenz. Dabei liegt ihre Wahrnehmungsfähigkeit vor allem auf den Stimmungen, Gefühlen und Motivation der sie umgebenden Menschen. Ist diese Stärke zu stark ausgeprägt, fällt ein kritisches Urteil manchmal schwer, da zu viel Verständnis für alle unterschiedlichen Gefühlslagen da ist.

Teamwork Bei diesen Menschen besteht eine enge Bindung und Loyalität zu ihrer Gruppe. Sie fühlen sich in einer Gruppe wohler als alleine und können in diesem Kontext auch besser arbeiten. Sie haben ein hohes Verantwortungsgefühl gegenüber den sozialen Belangen und der Gemeinschaft. Ist diese Stärke zu ausgeprägt, kann es passieren, dass die Gemeinschaft eine größere Bedeutung bekommt als das Individuum und dadurch eigene Bedürfnisse vernachlässigt werden.

Führungsvermögen Diese Stärke gibt einem die Möglichkeit, einen guten Überblick über eine Gruppe von Menschen zu haben. Personen mit dieser Stärke sind in der Lage, die Ziele für die Gemeinschaft im Auge zu behalten und die Mitglieder der Gruppe so zu motivieren, dass alle an einem Strang ziehen. Sie sind gut im Planen und Organisieren. Ein zu starkes Führungsvermögen kann zu einer dominanten und bestimmenden Haltung führen.

Fairness Vorurteile oder Voreingenommenheit sind Menschen mit dieser Stärke fremd. Vielmehr ist es ihnen wichtig, dass jeder die gleiche Chance bekommt und alle gleich behandelt werden. Persönliche Gefühle werden hintangestellt, Kompromisse zu diesem Zweck gerne akzeptiert und Fehler offen eingestanden. Da wirkliche Fairness nicht immer möglich ist, kann diese Stärke in übertriebener Form bei den Menschen zu inneren Konflikten und Spannungen führen.

Vergebungsbereitschaft »Vergeben und vergessen« ist das Motto der Menschen mit dieser Stärke. Sie haben ein gewisses Verständnis für ihr Gegenüber und sind bereit, dem anderen eine zweite Chance zu geben. Sie wollen gerne negative Verhaltensweisen in positive verändern. Menschen mit einer zu ausgeprägten Vergebungsbereitschaft laufen Gefahr, immer wieder ausgenutzt zu werden.

Bescheidenheit Bescheidene Menschen sind zurückhaltend und lassen ihre Taten für sich sprechen. Sie überlassen lieber anderen das Wort und sind froh, wenn sie keine Aufmerksamkeit auf sich ziehen. Sie sind demütig und barmherzig und können Fehler und Schwächen zugeben. Ist diese Stärke zu ausgeprägt, kann es passieren, dass die Leistung dieser Menschen überhaupt nicht wahrgenommen wird.

Vorsicht Vorsichtige Menschen vermeiden unnötige Risiken. Wobei die Betonung auf unnötig liegt. Sie sind durchaus bereit, neue Erfahrungen zu machen, aber sie denken nach, bevor sie etwas sagen, oder wägen das Risiko ab, bevor sie etwas Neues ausprobieren. Sie sind sehr sorgfältig und gewissenhaft und haben eine gute Nase für Risikomomente. Nur wenn diese Stärke zu ausgeprägt ist, könnte sich das in Ängstlichkeit ausdrücken und die Menschen risikoscheu machen.

Selbstregulation Menschen mit einer guten Selbstkontrolle haben keine Probleme, eine Diät durchzuhalten, mit dem Rauchen aufzuhören oder ein Sportprogramm zu absolvieren. Es ist für sie nicht anstrengend, ihre Emotionen unter

Kontrolle zu haben, und sie haben ein natürliches Verhältnis zu Disziplin und wissen auch, wann es genug ist. Ist diese Stärke zu ausgeprägt, fällt genau dieser Punkt weg, und die Menschen sind so diszipliniert, dass sie nicht mehr auf ihre Gefühle und Bedürfnisse achten.

Sinn für das Schöne Sich freuen können über eine tolle Landschaft, berührt sein von einem künstlerischen Werk oder auch die Freude über einen schön gestalteten Raum – eine solche Achtsamkeit gegenüber den schönen Dingen beschreibt diese Stärke. Menschen mit dieser Stärke haben den Blick für die Details nicht verlernt und können immer noch staunen und sich wundern. Manche dieser Menschen schaffen auch selbst schöne Dinge.

Dankbarkeit Nicht nur, dass diese Menschen besonders dankbar sind für die alltäglichen Kleinigkeiten oder Besonderheiten, sie sind vor allem auch in der Lage, ihre Dankbarkeit auszudrücken. Diese Menschen fühlen sich im wahrsten Sinne des Wortes beschenkt, wobei sich die Dankbarkeit dabei nicht nur auf Menschen bezieht, sondern auch auf die Natur oder auf Gott.

Hoffnung Hoffnungsvolle Menschen verlieren nie den optimistischen Glauben an die Zukunft. Selbst in ausweglosen oder schwierigen Situationen sind sie überzeugt, dass es einen guten Ausgang geben wird. Dies funktioniert allerdings nur, wenn sie ein klares Bild davon haben, wie diese Zukunft aussehen soll. Nur wenn diese Stärke übertrieben ausgedrückt wird, dann entsteht der Eindruck, diese Person hätte immer eine rosarote Brille auf und den Bezug zur Realität verloren.

Humor Der leichte und verspielte Charakter von humorvollen Menschen tut allen gut. Ihr Lachen ist fröhlich und ansteckend, und sie haben die Fähigkeit, auch in schwierigen und kritischen Situationen durch den Humor die Spannung zu lösen. Sie können auch über sich selbst lachen und haben die Fähigkeit, andere Menschen mit ihrer Art aufzuheitern. Dabei haben sie immer den richtigen Sinn für angemessenen Humor. Denn die übertriebene Stärke äußert sich in Albernheit und wirkt kindisch.

Spiritualität Spiritualität muss nicht unbedingt mit einer Religion verbunden sein, auch wenn das der häufigere Fall ist. Die hier gemeinte Stärke bezieht sich allgemein auf den Glauben an etwas Größeres. Sie hilft den Menschen, den größeren Sinn in den Dingen zu verstehen, und gibt häufig Trost und Rückhalt in schwierigen Zeiten. Ist diese Stärke zu ausgeprägt, kann es den Betreffenden passieren, dass sie die Bodenhaftung verlieren und sich in der Realität nicht mehr so gut zurechtfinden.

Ein kleiner Tipp, falls Sie – wie fast alle, mit denen ich diesen Test bisher durchgeführt habe – als Erstes schauen, welche »Stärken« am unteren Ende stehen: Erinnern Sie sich bitte daran, dass es hier um Ihre Top-Stärken geht und es unmöglich ist, 24 solcher Top-Stärken zu haben. Also muss ja irgendetwas am Ende stehen. Sollten Sie auf eine Charakterstärke sehr großen Wert legen, die weiter unten steht, so kann ich Sie beruhigen: Charakterstärken sind trainierbar. Es ist mir aber sehr wichtig, dass Sie sich jetzt nicht bemühen, alle 24 Charakterstärken unter die ersten sieben zu bringen (nur ein kleiner Tipp für die Perfektionisten unter Ihnen). Vielleicht starten Sie erst mal mit Überlegungen, wie Sie Ihre Signaturstärken häufiger im Alltag nutzen können.

Werte

Abenteuer – Abwechslung – Aktivität – Anerkennung
Ansehen – Aufrichtigkeit – Ausstrahlung – Authentizität
Bedeutung – Begeisterung – Beharrlichkeit – Beliebtheit
Bewunderung – Beziehungsfähigkeit – Charisma – Ehrgeiz
Ehrlichkeit – Erfolg – Erholung – Familie – Fitness
Fortschritt – Freigiebigkeit – Freiheit – Freude – Freundschaft
Geborgenheit – Gelassenheit – Geselligkeit – Genuss
Gesundheit – Gerechtigkeit – Glück – Harmonie
Häuslichkeit – Höflichkeit – Humor – Intellekt – Intelligenz
Karriere – Kinder – Kreativität – Lebensfreude – Lebensstil
Leistung – Lernen – Liebe – Macht – Nachhaltigkeit
Offenheit – Optimismus – Ordnung – Partnerschaft
Pflichterfüllung – Pünktlichkeit – Respekt – Romantik
Rückhalt – Ruhe – Sicherheit – Sinn – Sorgfalt – Sportlichkeit
Sympathie – Teamfähigkeit – Toleranz – Tradition – Treue
Unabhängigkeit – Unbekümmertheit – Ungebundenheit
Unternehmungslust – Verantwortungsbewusstsein
Veränderung – Vergnügen – Vertrauen – Vision
Wachstum (persönlich, geistig) – Wertschätzung
Wohlstand – Zielstrebigkeit – Zukunftsorientierung
Zuverlässigkeit

Selbstbild/Fremdbild

schüchtern — frech
eher ______________________________ eher

vorsichtig — mutig
eher ______________________________ eher

fürsorglich — unbesorgt
eher ______________________________ eher

ordentlich — chaotisch
eher ______________________________ eher

bedächtig — schnell
eher ______________________________ eher

aktiv — passiv
eher ______________________________ eher

menschenfreundlich — einzelgängerisch
eher ______________________________ eher

organisiert — improvisiert
eher ______________________________ eher

harmoniebedürftig — kampflustig
eher ______________________________ eher

humorvoll — ernst
eher ______________________________ eher

tiefgründig		leicht
eher	____________________	eher
pragmatisch		visionär
eher	____________________	eher
verspielt		reif
eher	____________________	eher
abenteuerlustig		bevorzugt Routine
eher	____________________	eher

Kommunikationsregeln

Redender

- Konkrete Situation mit konkretem Verhalten beschreiben
- Gefühle und Bedürfnisse beschreiben, ohne zu bewerten, zu interpretieren oder zu verallgemeinern
- In der Ich-Form reden
- Kein Kritikgewitter

Beispiel

»Als du heute morgen um 10:30 Uhr zu unserem Meeting kamst, das für 10:00 Uhr angesetzt war, hatte ich das Gefühl, das Meeting ist dir nicht wichtig, und ich fühle mich dann nicht ernst genommen.«

Zuhörender

- Aktiv zuhören
- Zusammenfassen, was wir verstanden haben
- Offene Fragen stellen, um Verhalten des anderen zu verstehen

Beispiele für offene Fragen

»Was stellen Sie sich unter einer schnellen Bearbeitung vor?«

»Welche Ziele wären für Sie bei diesem Meeting sinnvoll?«

»Wie würdest du gerne diesen Abend verbringen?«

»Was möchtest du mir genau damit sagen?«

Rollenanalyse

Die ovalen Formen sind meine Rollen, und die Rechtecke sind die Beziehungen in den Rollen.

Sie können nun mit solch einem Bild arbeiten: Jene Beziehungen, die Sie stärken und mit denen Sie viel lachen, bekommen einen Smiley ☺, und andere, die Ihnen möglicherweise Schwierigkeiten bereiten, vielleicht einen Blitz ⚡. Die Beziehungen, die in Ordnung sind, aber nicht wo wichtig, einfach nur ein Häkchen ✔, und jene, die wir vielleicht besser beenden sollten, eine Bombe 💣 usw.

So bekommen Sie einen groben Eindruck von Ihren Rollen und deren Bedeutung für Sie.

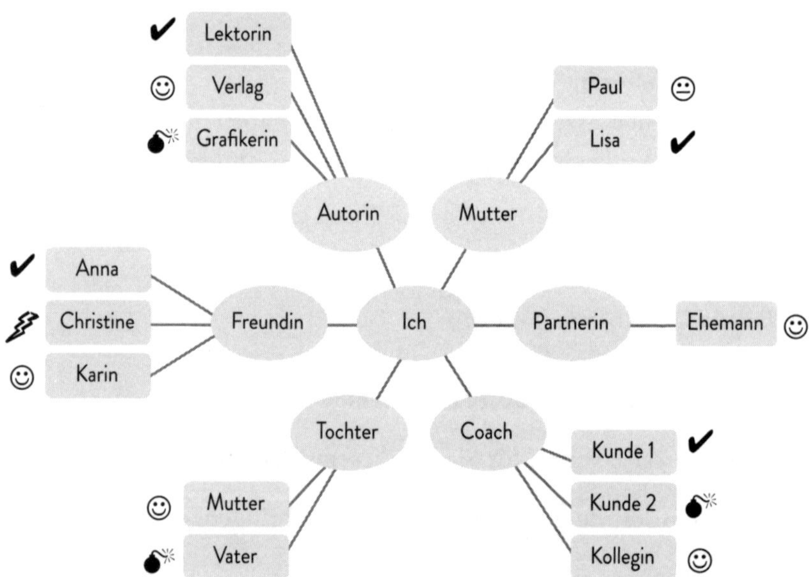

Kommentiertes Literaturverzeichnis

Die Macht der guten Gefühle (Barbara Fredrickson) Das Buch beschreibt ausführlich die Forschungsarbeiten von Barbara Fredrickson zu unseren positiven Emotionen. Es werden eine ganze Reihe von wissenschaftlichen Ergebnissen zusammengetragen, aber es liest sich dennoch gut.

Selbst in Führung (Thomas und Inge Dietz) Ein sehr pragmatisch angelegter Leitfaden, um seine Persönlichkeitsteile besser kennenzulernen und mit ihnen zu arbeiten. Es werden viele Coaching-Beispiele beschrieben und Fragestellungen für die eigene Anwendung aufgezeigt.

Flourishing (Martin Seligman) In diesem Buch stellt Martin Seligman seine Forschungsarbeit vor und erläutert, wie er zu den verschiedenen Bausteinen des PERMA-Modells gekommen ist. Es führt ein in die Herangehensweise der Positiven Psychologie.

Be Nobody (Lama Marut) Der eher unkonventionelle und sehr erfrischende Lama Marut stellt in diesem Buch die These auf, dass wir am zufriedensten mit uns und dem Leben sind, wenn wir uns selbst vergessen, also tief in einen Film eintauchen, ein tolles Musikstück hören oder Sex haben. Es sind diese Momente, in denen keine inneren Stimmen uns versuchen irgendwelche Dinge einzureden. Deswegen nannte er sein Buch »Be Nobody« und ergänzt gerne in seinen Vorträgen: »... und nobody is perfect!«

Das Achtsamkeits-Übungsbuch (Halko Weiss) In diesem kleinen Büchlein wird sehr pragmatisch und mit einer CD in die Achtsamkeitsübung eingeführt. Das Besondere an diesem Buch ist, dass Meditationen angeboten werden, mit denen wir Persönlichkeitsteile von uns erforschen können.

Danksagung

Beim Schreiben eines Buches haben viele vermutlich den einsamen Schriftsteller vor ihrem Auge, der an seinem Schreibtisch sitzt und grübelt. Bei Romanen mag das auch noch halbwegs stimmen. Doch am Ende dieses Buches wissen wir: Es braucht die anderen dazu, die einen unterstützen, an einen glauben und mit denen wir unsere Ideen diskutieren können. Auch ich wurde von vielen Freunden, Bekannten und Verwandten bei diesem Projekt unterstützt, und ich bin ihnen allen sehr dankbar dafür.

Wäre Frau Dagmar Olzog vom Scorpio Verlag nicht gewesen, ich hätte vielleicht nie die Kraft gefunden, dieses Buch zu schreiben. Sie hat sehr früh an die Idee geglaubt und mich zum Schreiben motiviert. Damit das Ganze die Struktur bekam, die es heute hat, hatte ich viele intensive Diskussionen und Auseinandersetzungen mit meiner Kollegin Simone Hartung, die durch ihren kritischen Geist immer wieder Ansätze von mir infrage stellte. Unterstützt wurde ich von Jan Kirsten Biener, der mir auf ganz humorvolle und wertschätzende Art immer wieder vermitteln konnte, dass meine Formulierungen vielleicht doch noch nicht ganz so brillant seien, wie ich das erhofft hatte.

Anke Keller, Birgit Knobloch und Elisabeth Kräuter haben mir in unterschiedlichster Weise durch ihren Input geholfen, an mancher Stelle noch genauer zu werden – vielen Dank dafür. Angela Kuepper danke ich für die verständnisvolle und geduldige Unterstützung beim Schreiben, Formulieren und Argumentieren. Auch all meinen Coachees und Workshop-Teilnehmern danke ich für ihr Vertrauen und ihre Bereitschaft, mich an ihren Prozessen teilhaben zu lassen. Erst durch die Arbeit mit ihnen konnte ich das Wissen und die Erfahrungen sammeln, die mich dazu veranlasst haben, dieses Buch zu schreiben. Dafür bin ich ihnen allen sehr dankbar.

Doch meine allergrößte Dankbarkeit gilt meiner Familie. Meinen Kindern Lukas, Lavinia und Tabea, die mir Zeit und Raum geschenkt haben, dieses Buch zu verwirklichen, und deren Energie, Vertrauen, Liebe und die Bereitschaft, auf eine ganze Menge Familienleben zu verzichten, weil Mama mal wieder am Schreiben ist. Und, am allerwichtigsten von allen, meinem lieben Ehemann. Seine Ermutigungen und seine kritischen Anregungen, die mich zwar immer wieder an den Rand der Verzweiflung gebracht haben, haben zu einer deutlichen Verbesserung des Buches beigetragen. Er war mir in der ganzen Zeit ein wichtiger Diskussionspartner, ein verständnisvoller Begleiter und ist mir ein liebevoller Partner. Möge dieses Buch auch für Sie ein Anlass sein, mit Dankbarkeit zu erkennen, was uns allen zur Verfügung steht.

Anmerkungen

1 Byung-Chul Han: »Psychopolitik: Neoliberalismus und die neuen Machttechniken«. Frankfurt 2015, S. 10

2 Das stellte eine Umfrage aus dem Jahr 2013 von Tim Jänik fest. Die Nerds hatten hinsichtlich des Arbeitsplatzes sehr ähnliche Prioritäten wie Nicht-Nerds. Bei beiden Gruppen lagen gutes Betriebsklima, abwechslungsreiche Tätigkeiten und der Wunsch nach anspruchsvoller Arbeit unter den ersten vier Auswahlkriterien für einen Arbeitsplatz. Quelle: Tim Jänik: »nerd-kultur«. Hamburg 2013

3 So zeigt eine Studie von Julianne Holt-Lunstad und Timothy Smith von der Brigham Young University in Utah. Sie untersuchten 148 Studien mit insgesamt über 308 000 Menschen und stellten fest, dass Einsamkeit ein höheres Risiko darstellt als beispielsweise Fettleibigkeit. Bei der Untersuchung wurde lediglich überprüft, ob die Teilnehmer sozial eingebunden waren. Die Qualität der Beziehungen wurde dabei nicht untersucht und würde diesen Effekt wahrscheinlich noch ein mal deutlich verstärken. Doch auch so, stellten Forscher der Harvard University fest, ist das Risiko, an einer Herz-Kreislauf Erkrankung zu erkranken, bei jenen, die sich einsam fühlen, um 24% höher als bei anderen.

4 Eisenberger, Naomi: »The neural basis of social pain – findings and implications«, in: Geoff MacDonald: »Social pain: neuropsychological and health implications of loss and exclusion«. Washington 2011

5 http://www.business-wissen.de/artikel/intuition-manager-mit-bauchgefuehl-entscheiden-besser/

6 http://press.pwc.com/GLOBAL/big-decisions-executives-rely-more-on-experience-and-advice-than-data-to-make-business-defining-choi/s/457883b1-db9a-4676-95cc-7f78669c00e6

7 Barbara Fredrickson, Professorin für Psychologie an der University of North Carolina at Chapel Hill, hat jahrelang Forschungsarbeiten zu den positiven Emotionen durchgeführt und gilt als eine der wichtigsten Forscherinnen im Bereich der Positiven Psychologie

8 Wiseman hat vier Verhaltensweisen bei jenen Menschen entdeckt, die sich selbst als glücklich bezeichnen: 1. Durch Ausprobieren von immer neuen Varianten ihres alltäglichen Tuns versuchen diese Menschen, ihre Chance auf glückliche Umstände zu erhöhen (maximise chance opportunities); 2. sie treffen Entscheidungen intuitiv und kultivieren ihre Intuition; 3. sie glauben an eine glückliche Zukunft; 4. sie suchen immer nach den Vorteilen einer Situation, auch wenn diese schlecht ist. Quelle: http://www.richardwiseman.com/Luck.shtml

9 Richard C. Schwartz, ein amerikanischer systemischer Familientherapeut und Professor am Psychiatrischen Institut der University of Illi-

nois. Im Rahmen seiner therapeutischen Tätigkeit wendete er zunächst dieses System intuitiv an und entwickelte im Laufe der Jahre aufgrund seiner praktischen Erfahrungen den Ansatz des Internal Family Systems.

10 In dem Buch »Selbst in Führung« von Thomas und Inge Dietz wird ausführlich beschrieben, wie eine solche Arbeit mit den eigenen Gefühlen aussehen könnte.

11 Richard Wiseman, Psychologe an der University of Hertfordshire, hat den bereits vor langer Zeit angedachten, aber nicht konsequent weitererforschten Ansatz von William James untersucht und festgestellt, dass es das Verhalten verändert, wenn man so tut, als ob (As-if-Ansatz).

12 Richard Wiseman untersuchte neben dem Glück auch paranormale Erscheinungen, wie ein Schloss, in dem es angeblich spukt. Wiseman hat außerdem eine Internetseite namens »Laughlab« kreiert, um den Humor von Internetnutzern zu erforschen.

13 Mihaly Csikszentmihalyi, emeritierter Professor für Psychologie an der University of Chicago, beschrieb Mitte der 1970er-Jahren das Flow-Modell.

14 Der Vollständigkeit halber sollte aber auch die negative Seite des Flows angemerkt werden. Computerspiele verwenden genau diesen Flow-Mechanismus, um ihre Spieler bei Laune zu halten. Im Extremfall kann es zur Spielsucht kommen. Auch Extremsportler erreichen den Flow-Zustand, vergessen dann aber auch mal ihren körperlichen Zustand und führen zum Beispiel eine Wanderung mit erfrorenen Zehen fort.

15 Robert Biswas-Diener ist bekannt als der Indiana Jones der Positiven Psychologie und Geschäftsführer des Positive Acorn Instituts. Er erforschte das Thema Glück bei relativ unberührten Kulturen, wie den Massai oder Fischern am Nordpol.

16 Dr. Ulrich Vogel hat ein Testverfahren von Robert S. Hartmann weiterentwickelt und an die heutige Unternehmenssituation angepasst. Weitere Informationen finden Sie unter www.profilingvalues.com

17 Bei diesem Testverfahren bekommt der Teilnehmer mehrere Blöcke von Aussagen, die er in eine bestimmte Reihenfolge sortieren muss. Jene Aussage, die auf ihn am meisten zutrifft, als Erstes usw.

18 Dies sind internationale Durchschnittswerte.

19 Die Probanden dieser beiden Experimente sollten diese Übung lediglich eine Woche durchführen. Sie zeigten aber für sechs Monate eine größere Zufriedenheit als die anderen Versuchsgruppen. Das könnte allerdings auch daran gelegen haben, dass einige berichteten, dass sie die Übung länger durchführten, weil sie spürten, dass es ihnen guttat.

20 Jane Dutton, Amy Wrzesniewski und Justin M. Berg haben gemeinsam diese Strategien erforscht: Berg, J. M., Dutton, J. E., & Wrzesni-

ewski, A.: »Job crafting and meaningful work«. In B. J. Dik, Z. S. Byrne & M. F. Steger (Eds.): Purpose and meaning in the workplace (pp. 81-104). Washington, DC: American Psychological Association 2013.

21 Albert Bandura, Psychologieprofessor an der Stanford University, entwickelte dieses Konzept Ende der 1970er-Jahre. Kritiker setzen Selbstwirksamkeit mit Selbstvertrauen gleich. Bandura aber sagt, durch das Wirken des Individuums entstehe erst Selbstvertrauen.

22 Das Konzept nennt sich Active Constructive Responding und wurde 2007 von Shelly Gable, Psychologieprofessorin in der University of California, erforscht und entwickelt. Sie hat festgestellt, dass es verschiedene Möglichkeiten gibt, über Erfolge zu kommunizieren. Sie unterscheidet in aktiv destruktiv, passiv destruktiv, passiv konstruktiv, aktiv konstruktiv.

23 Zusammengefasst für jene, die es interessiert: Aristoteles glaubte, dass ein tugendhaftes Verhalten dem Menschen zu einem erfüllten und guten Leben verhilft. Er verstand dabei unter tugendhaft jene Menschen, die sich der körperlichen Lust ohne Willensanstrengung enthalten. Epikur hingegen sah in dem Vergnügen das höchste Gut und im Genuss.

24 Adam Grant ist Professor für Management an der Wharton School. Eine seiner Hauptthesen ist, dass Menschen, die viel geben, erfolgreicher sind als Menschen, die eher nehmen. Er führte die hier beschriebene Studie 2007 durch.

25 Dr. Yehonatan Turner aus Jerusalem stellte dies im Rahmen einer Untersuchung fest. Sie wird auch in dem Buch »Geben und Nehmen« von Adam Grant auf Seite 261 ff. beschrieben.

26 Martin Thomé: »Werteorientierung – oder: Was (mir) etwas wert ist« http://www.kbe-bonn.de/fileadmin/Redaktion/Bilder/Projekte/Thom_Werteimpuls_Endfassung.pdf (gelesen am 28.12.2015)

27 Er ist Leiter des Instituts für Arbeitspsychologie und Arbeitsmedizin in Herdecke und forscht darüber, welche Auswirkungen diese Dynaxität auf unser psychosoziales Verhalten hat.

28 http://www.zeit.de/2015/13/handy-langeweile-gehirn-psychologie-kreativitaet

29 Von John Kabat-Zinn, emeritierter Professor für Psychologie an der University of Massachusetts, in den 1970er-Jahren entwickelt, ist es heute eines der erfolgreichsten Antistressprogramme und nachweislich sehr hilfreich beim Umgang mit Depressionen.

30 Elisabeth Lukas: »Der Seele Heimat ist der Sinn«. München 2007, S. 130

31 Viele Vorschläge für den Müßiggang finden Sie auch in »Das Buch der hundert Vergnügungen« von Tom Hodgkinson. Berlin 2015

32 In seinem Buch »Flourishing« erklärt Martin Seligman ein wenig mehr zu diesem Model.

33 Von Prof. Walter Mischel. Ein Wiener Psychologe, der während des Zweiten Weltkriegs nach Amerika emigrierte und dort das Verhalten von Kindern erforschte. Kinder wurden in einen Raum geführt und ihnen wurde ein Marshmallow vorgelegt mit der Aufforderung, wenn sie es schaffen würden, diesen Marshmallow 15 Minuten lang nicht anzufassen, würden sie einen zweiten bekommen. Jene Kinder, die eine entsprechende Selbstdisziplin hatten, den Marshmallow liegen zu lassen, zeigten auch im weiteren Verlauf ihres Lebens eine hohe Selbstdisziplin.

34 Professor für Sozialpsychologie an der Florida State University.

35 Eine Forschungsgruppe von Sozialpsychologen der Kölner Universität um Professor Mussweiler herum hat den Einfluss von Glücksbringern und Talismanen hinsichtlich der Leistungsfähigkeit untersucht.

36 http://www.tagesspiegel.de/weltspiegel/dressgate-weiss-und-gold-oder-blau-und-schwarz-welche-farbe-hat-das-kleid/11435330.html

37 Dove Real Beauty Sketches | You're more beautiful than you think (https://www.youtube.com/watch?v=litXW91UauE)

38 Ein amerikanischer Sozialpsychologe, der seinerzeit am MIT die Theorie des sozialen Vergleichs erstellte.

39 Das Forschungsteam arbeitet am Psychologischen Institut der Universität in Zürich.

40 »Empathie und Spiegelneurone. Die biologische Basis des Mitgefühls.« Von Gicomo Rizzolatti und Corrado Sinigaglia (edition unseld Suhrkamp Verlag)

41 Diese Begriffe stammen aus der Neurolinguistischen Programmierung (NLP). Sie sollen dem Gegenüber durch Nachahmung der Körperbewegungen, der Stimme, der Mimik und des Gesichtsausdrucks Sympathie vermitteln, davon ausgehend, dass wir sympathisch finden, was uns ähnelt. Das »leading« setzt dann ein, wenn die Kommunikation als angenehm empfunden wird. Dann kann durch die Veränderung der oben beschriebenen Signale das Gegenüber beeinflusst werden. Aufgrund dieses manipulativen Aspekts wird das »pacing und leading« heute eher kritisch beurteilt.

42 Beide sind Sozialpsychologen an der Oxford University. Argyle gilt dabei als Fachmann hinsichtlich der nonverbalen Kommunikation.

43 Adler, Tremmel, Brassen, Scheib (2000): »Soziale Situation und Lebenszufriedenheit im Alter«, in : Zeitschrift für Gerontologie und Geriatrie, Juni 2000, Volume 33, Issue 3, S. 210-216

44 Dies hat die Soziologin Deborah Carr von der Rutgers University gemeinsam mit einem Forschungsteam der University of Michigan herausgefunden. Sie haben 400 Paare befragt, die seit über 39 Jahren

zusammen waren. Es stellte sich heraus, dass Männer, deren Frauen mit der Ehe zufrieden waren, eine deutlich höhere Lebenszufriedenheit hatten, sogar wenn sie selbst die Ehe als gar nicht so gut einstuften wie ihre Frauen. Damit einher geht dann auch eine zufriedenstellende Beziehung. Das Forscherteam ging davon aus, dass die Frauen ihre Zufriedenheit oder Unzufriedenheit eher kommunizieren als die Männer und folglich ihr Befinden mehr Einfluss auf die Beziehung hatte. (Journal of Marriage and Family, Volume 76, Issue 5, Seiten 930–948, October 2014)

45 Paul Eastwick, Psychologe an der University of Texas

46 Vgl. http://www.faz.net/aktuell/stil/leib-seele/was-ist-das-geheimnis-langer-ehen-13333143.html, aufgerufen am 18. 1. 2016

47 Dieser liegt bei den Deutschen für ein persönliches Gespräch im Durchschnitt zwischen 60 cm und 150 cm. In Brasilien hingegen sind 30 cm ein angemessener Abstand zwischen den Menschen für ein Gespräch.

48 »flourishing« bedeutet wörtlich übersetzt: erblühen, entfalten, gedeihen, florieren.

49 Professor an der Wharton School der University of Pennsylvania

50 Die folgende Übung ist entlehnt an »Zeit zu leben«: http://www.zeitzuleben.de/2575-so-umschiffen-sie-klippen-in-ihrer-partnerschaft/4/ (am 09.07.2015)

51 John Gottman, emeritierter Professor von der University of Washington

52 Barbara Fredrickson und Marcial Losada, Organisationspsychologe an der University of Michigan, erforschten mithilfe eines stark codierten Systems Mitte der 90er-Jahre rund 60 Teams bei ihren täglichen Arbeiten. Sie beobachteten die Teams und notierten eine Vielzahl von Aspekten, wie beispielsweise die Wortwahl, aber auch die Körpersprache usw.

53 Carol Dwek von der Stanford University hat diesen sogenannten Effort-Effekt in verschiedenen Studien untersucht.

54 Prof. Sendhil Mullainathan aus Harvard und der Psychologe Eldar Shafir aus Princeton haben sich auf diese ungewöhnliche Kooperation eingelassen.

55 Die letzte Frage ist vielleicht dem ein oder anderen bekannt aus der Gewaltfreien Kommunikation, die Marshall Rosenberg entwickelt hat (vgl hierzu: de Haen, Hardieß: »30 Minuten Gewaltfreie Kommunikation«).

56 http://my.happify.com/hd/benefits-of-friendship-infographic